东北地区依靠技术创新
推动产业升级问题研究

RESEARCH ON
NORTHEAST CHINA INDUSTRIAL UPGRADING RELIES
ON TECHNOLOGICAL INNOVATION

李春艳 著

人民出版社

策划编辑:郑海燕
封面设计:姚 菲
责任校对:周晓东

图书在版编目(CIP)数据

东北地区依靠技术创新推动产业升级问题研究/李春艳 著. —北京:
人民出版社,2018.12
ISBN 978－7－01－019993－1

Ⅰ.①东…　Ⅱ.①李…　Ⅲ.①技术革新-关系-产业结构升级-研究-
东北地区　Ⅳ.①F124.3②F127.3

中国版本图书馆 CIP 数据核字(2018)第 247471 号

东北地区依靠技术创新推动产业升级问题研究
DONGBEI DIQU YIKAO JISHU CHUANGXIN TUIDONG CHANYE SHENGJI WENTI YANJIU

李春艳　著

人民出版社 出版发行
(100706　北京市东城区隆福寺街 99 号)

北京中科印刷有限公司印刷　新华书店经销

2018 年 12 月第 1 版　2018 年 12 月北京第 1 次印刷
开本:710 毫米×1000 毫米 1/16　印张:13.75
字数:143 千字

ISBN 978－7－01－019993－1　定价:58.00 元

邮购地址 100706　北京市东城区隆福寺街 99 号
人民东方图书销售中心　电话 (010)65250042　65289539

目　　录

绪　论

一、研究背景

新中国成立后,东北地区经过"一五""二五"时期的大规模建设,形成了以钢铁、石油、机械、化工、煤炭、建材等重工业为主的工业体系,成为重工业中心,对全国的经济发展作出了巨大贡献。但是改革开放以来,尤其是经济体制改革以来,东北地区的发展遇到了前所未有的困难:经济增长乏力、传统工业的优势地位丧失、经济结构不合理、技术装备老化等。面对这些困难,党和国家给予了极大的关注,2003 年 10 月,中共中央、国务院发布了《关于实施东北地区等老工业基地振兴战略的若干意见》,为东北地区的振兴注入了强心剂。东北地区的发展,除了对全面建成小康社会、开创中国特色社会主义事业新局面具有重要意义外,同时也肩负着中国产业升级的重任。东北地区是装备制造业特别是重大装备制造业的摇篮,产业体系较完善、科研基础雄厚、技术人才优势明显,而装备制造业是工业发展的基础,是制造业的核心组成部分,是用先进科学技术改造传统产业的重要纽带和载体,因而东北地区选择依靠技术创新作为产业升级的动力,不仅具有现实意义,战略意义也非常重大。

关于产业升级的动力和决定因素,比较优势理论认为,要素禀赋是非常重要的,由要素禀赋所形成的比较优势,决定了其在国际分工体系中的地位。这里,利用比较优势促进产业升级需要两个前提条件:一是要素禀赋的存量基础比较扎实;二是要素价格能够真实地反映要素的稀缺性。虽然我国要素禀赋结构的特点是劳动力资源比较丰富,但如果只是发展劳动密集型产业,就会使我国的产业被锁定在全球价值链的低端环节,实践中确实也是这样,由于我国企业采取的是依靠扩大生产规模来降低成本,而不是全力开发自主技术的竞争战略,所以,伴随着中国宏观上的成功,并没有带来本土产业的升级,还使企业发展达到了极限。另外,由于我国要素市场化,包括资本、土地、技术等的市场化进程远远慢于商品市场化进程,因此,要素价格不能代表其在市场上的稀缺程度。比如国有企业,在要素的使用过程中,可以凭借行政权力以较低的边际成本获取生产要素,从而获得超额利润,很显然仅利用比较优势理论,还不足以指导我国产业升级的实践。

关于产业升级动力的另外一种观点是从企业的角度进行思考的,认为产业升级是由市场需求决定的,一方面是为了满足人们对产品消费的需求,另一方面是企业家面临即有产品利润率下降,追求成本下降的需求,而企业技术创新是使市场需求得以实现的关键环节,并且还会创造出新的需求。因而产业升级的主体应该是企业,关键是企业的技术创新,前提是研发的投入。利用企业对市场需求信息熟知的优势,通过研发活动探索、研究和掌握前沿技术,用新的技术代替旧的技术,促进传统产品更新换代,创造出新的产品,提高了产品竞争力,从而实现产业内升级。同时,由于新技术、新工艺的应用,使原有的产业部门在保证核心竞争力的情况下,细化某些产品,逐步扩大生产规模,进而形成新的产业部门,实现产业间升级。由此可以看出,产业升级的动力,要么改变要素禀赋结构,要么实现技术进步,即提高要素贡献率,而实现技术进步,是推动产业升级的根本动力和关键因素。东北地区的科技创新存量资源虽然较为丰富,科学、教育比较发达,但综合创新能力却不强,具体见表0-1。

表 0-1　东北地区创新能力排名及变化

地区	2017 年排名	2016 年排名
辽宁省	17	18
黑龙江省	26	22
吉林省	27	27

注:共 31 个省份。
资料来源:中国科技发展战略研究小组和中国科学院大学中国创新创业管理研究中心:《中国区域创新能力评价报告 2017》,科学技术文献出版社 2017 年版,第 9 页。

　　目前的研究没有跳出从产业升级本身看问题,其针对性也不强。而从技术创新角度研究,产业升级的内部动力机制却较少有学者涉及。因此,东北地区的创新能力存在什么问题,影响因素有哪些? 这些问题都值得我们深入研究。本书的研究意义表现在:

　　(1)东北地区是国家"十一五"重点推进发展的区域之一,聚集了中国工业升级的主导产业,这些主导产业也是"十二五"重点发展的领域,因此战略地位极为重要。实现产业升级的途径很多,但依靠技术创新推动产业升级是其中最有效和最根本的一条途径。东北地区产业升级问题较典型,特征很明显。

（2）东北地区产业升级具有典型特征，以技术创新作为动力机制，能够切中问题的根源。因此对其技术创新问题的基础理论探讨十分重要。

（3）目前，技术创新政策开始关注产业层次，这是学科演进的一个重要方向，因此产业创新问题可以解释产业政策所蕴含的科学问题。

（4）不同地区的技术创新问题是不同的，对产业升级的作用机制也不同，对东北地区的研究，可以为其他老工业基地提供借鉴。

二、框架结构、研究方法和研究思路

1. 框架结构

本书除绪论外，共分为五章。第一章在厘清一些基本概念，如创新、技术创新和产业升级的基础上，通过对相关理论和文献的回顾，提出了本书的理论基础，并进行了充分的论证。首先，从技术创新作为产业升级根本动力的适应性和机理两个方面分析了产业升级的根本动力；其次，从创新主体的历史演变历程和企业成为创新主体的动力机制两个角度论证了技术创新的主体就是企业这一观点；最后，分析了有利于技术创新的制度。

第二章是关于东北地区企业创新能力问题的分析，主要包括四部分：一是通过指标测度东北地区企业创新能力的现状；二是对影响东北地区创新产出的因素进行分析；三是寻找东北地区企业创新能力存在问题的原因；四是给出结论及政策含义。

第三章是通过对制造业全要素生产率增长率进行分解以及对制造业技术效率和地区技术效率的测算,揭示东北地区依靠技术创新推动产业升级存在的效率问题。本章分为三部分:一是东北地区制造业全要素生产率增长率分解分析;二是东北地区制造业技术效率的问题分析;三是中国地区技术效率的比较分析。

第四章是关于促进技术创新政策的问题分析,是基于科技政策和创业风险投资引导基金政策进行的,以探讨外部环境对产业升级的影响,同时就产业创新政策相关问题进行了探讨。

第五章针对依靠技术创新推动产业升级存在的问题,结合有利于技术创新的制度安排,围绕着"创新链",提出了完成技术创新过程的体制机制设计和政策措施,并对我国企业如何成为创新主体提出了相应的对策建议。推动技术创新的体制机制应按照以企业为主体、市场为导向、产学研相结合的技术创新体系进行设计。政策措施主要有:激励各创新主体研发的政策措施、完善创业风险投资引导基金的政策措施、鼓励科技成果转化的政策措施、改善创新环境的政策措施、促进产学研合作的政策措施。加快要素市场和科技体制的改革、建立专项基金推动企业完善研发组织机构有利于企业成为创新主体。

2. 研究方法

(1)数据获取的途径

间接数据通过公开出版的统计资料、已有的研究成果以及行业内部资料来获取。科技政策是从《科技法律法规与政策选编(1985—2011)》中选择的。

（2）技术创新能力的测度方法

建立评价技术创新能力的指标体系,在每一方面选取若干具体指标(见表2-3)。采用权重法综合各方面的指标,权重的赋值是利用熵值法。

（3）技术效率的估算和全要素生产率增长率分解

关于技术效率的估算,本书分别是运用柯布道格拉斯生产函数和超越对数型柯布道格拉斯生产函数建立随机前沿研究模型,然后利用Frontier(4.1)进行最大似然估计,估计出各地区和产业的技术效率。

全要素生产率增长率分解是运用DEA—Malmquist指数方法测算的。

（4）科技政策的量化标准

①政策效力是根据国家行政权力结构与政策类型进行打分,它代表政策所体现的权重。

②根据技术创新政策分类,按照一定的标准,分别对每项政策所体现的不同政策工具赋予不同的分值,如果某项政策对某项政策工具没有提及,则不赋分。

③政策统计方法。以政策工具为变量,以政策效力为权重,利用加权算术平均数得到技术创新政策各项指标的年度数值,再考虑到政策的累积效应对数值进行适当的调整。

3. 研究思路

本书的逻辑关系见图0-1。

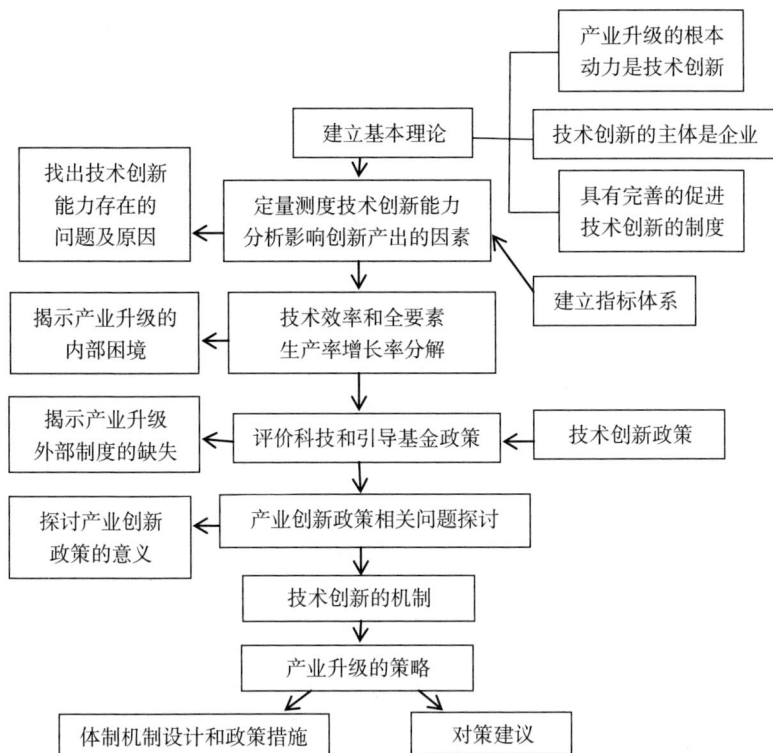

图 0-1　技术路线

三、创新之处

第一,将产业升级聚焦于根本的技术创新问题,关注于一个我国长期没有解决的重要问题。

第二,从技术创新作为产业升级的内部动力机制视角研究产业升级问题,形成有针对性的评价体系和分析方法,在研究方法上较有新意。

第三,从科技政策视角探讨外部制度环境对产业升级的影响,并形成较系统的分析方法,体现较强的科学规范性。

第一章　相关研究综述和理论梳理

第一节　基本概念

一、创新

熊彼特（J.A.Joseph Alois Schumpeter, 1912）是第一个提出创新理论的经济学家，至今人们在研究创新问题时，都是基于他的研究。他认为，创新是"充分利用生产要素，生产其他的东西，或者生产相同的东西，却使用不同的生产方式"，即建立一种新的生产函数（the setting up of a new production），"通过企业家对新的生产要素和生产条件实行新的组合（a new combination），实现了生产手段的新组合，产生了具有发展特点的现象"。创新是经济增长的内生因素。

熊彼特还特别强调创新和发明的区别，他认为两者是截然不同的概念。发明只有成功地实现商业化，才能成为创新。创新主要指：开发新产品、使用新的生产方法、发现新的市场、创建新的产业组织或实现任何一种工业的新的组织。

创新既有直接原因,也有间接原因。熊彼特认为,企业家对垄断利润和创新利润的强烈追求,是他创新的直接动力,但更深层次的动力来自企业家精神:"个人的能力和智谋得以施展的欢乐","一种梦想和意志","创造的欢乐",正是由于这种出类拔萃的才能和竭力争取事业成功的这种非物质的精神力量,带来了社会的进步和财富的增长。而新一轮创新开始是源于其他企业主的注意,以及跟踪模仿,使垄断利润和创新利润消失。

很显然,熊彼特的创新理论,强调了技术进步在提高生产力中的作用。但是,它也有很多不足之处:第一,这些创新理论把创新的作用严重夸大了,尤其是在经济发展中的作用。第二,极端夸大了企业家的作用。

除此之外,温格尔(Surany-Unger,1982)认为,创新是指市场上出现了新类型的产品;班诺克(Bannock,1992)认为,创新是一种手段,利用此手段可以生产新产品和服务,并且将这些新产品和服务成功地投放市场;布莱克(Black,1997)认为,创新是将新观念进行应用,并转变成经济效益。总之,这些定义都强调了创新必须在市场上得以运用,并实现了商业化或商业价值。弗里曼(C.Freeman,1998)认为,创新具有双重含义:既描述了成果如何商业化的整个过程,又表现了新产品或新过程的问世日期。因此,区分创新和创新过程是非常必要的。

二、技术创新

关于此概念,实际上至今仍未形成一个严格统一的定义,因为不同国家、不同学科领域的学者对技术创新内涵的表达是不同的。上述关于熊彼特创新的定义可以说是一种。除此之外,不同人还有不同的看法。

国外学者具有代表性的研究有:弗里曼(1973)认为,技术创新是一个完整的过程,在这个过程中,把技术、工艺和商业化进行了有效结合,导致新产品实现了市场价值。美国国家科学基金会(National Science Foundation, NSF, 1976)认为,技术创新是一个非连续性事件,并不总是出现,其特征为新颖性和成功实现。范·杜因(Van Duyn, 1993)认为,技术创新需要经过六个阶段才能完成:基础研究、科学发现、发明、开发、创新、扩散。这里最为关键的是创新的扩散,也即在生产上的成功应用。伊诺思(Cynos, 1962)认为,技术创新是多种行为连续投入的结果,这些行为主要是指面向市场需求的发明、资金投入、企业参与、制定战略、人员投入和开辟市场等。澳大利亚学者唐纳德·瓦茨(Watts, Donal)认为,技术创新是企业按照市场需求对发明和研究成果进行应用,并成功实现商业化的过程。英国经济学家斯通曼(P.Stoneman, 1989)认为,技术创新是通过对科学发明进行开发和应用,首次将其输入生产系统,努力完成商业交易的过程。经济合作与发展组织(OECD, 1993)认为,技术创新说明产品和工艺都发生了显著的变化,也就是说技术创新包括产品创新和工艺创新。要么是市场上出现了新产品,要么是产品的工艺发生了显著变化。因此,创新实际上是一系列活动运行的结果,这些活动包括了科学、技术组织、金融和商业。

国内对此问题的研究也较深入,主要有:傅家骥等(1998)认为,技术创新是企业家以获取商业利益为目标,抓住了市场潜在的赢利机会,重新组织生产条件和要素,获得新的原材料或半成品供给来源,建立一个新的生产经营系统,从而推出新的产品,它是包括科技、组织、商业和金融等一系列活动的综合过程。华桂宏、周家华(1998)认为,技术创新强调的是知识的应用,通过与资本和生产要素配置联结起来,形成的产品能够带来收益递增时,才实现了技术创新。张黎夫(1999)认为,技术创新是一种商业活动,主要是围绕新产品的开发、新工艺的应用、新技术的推广与扩散而展开的。王全秀(1999)等认为,技术创新是指企业实现了科技成果产业化,并且是首次在市场上实现了其商业价值。据此可以看出:第一,企业是技术创新的主体;第二,技术创新是由市场推动的,其产品必须被市场所接受;第三,如果技术创新实现了其商业价值,就表明它是成功的,这是唯一的标准。张风和何传启(1999)认为,技术创新是企业通过学习、开发、引进和应用新技术后,能给企业带来竞争力,从而产生经济效益的过程。李小宁和张竹(1999)认为,技术创新是指所发生的一系列技术活动过程,这个过程是从新产品开发创意到可以成批生产这种新产品为止。杜辉(1999)认为,技术创新是指企业通过新技术的发明、引进和应用①,使生产和工艺更新,随之而来的,企业会在技术水平、产品竞争力和经营管理水平方面升级,即企业必然在产品、品牌、工艺、组织、销售等方面出现创新。李兆友(2000)认为,技术创新是很多主体并行活动的过程,这些主体是沿着产业链进行分布的,涉及的环节主要有决策、开发、应用、市场开拓、管理等,各创新主体一定要打破狭隘的阶段限制,加强合作性、协调性,转而从创新整体效益最大化的高度来审视自己的主体作用。其实这已经突破了企业创新的

---

① 技术创新也包括传统技术的改造升级。

范畴,研究的是技术创新系统问题。

在有关政府文件①中明确指出,技术创新是指企业对新知识、新技术和新工艺进行了开发,并得到了应用,生产出新的产品,从而提高产品竞争力,实现市场价值。

技术创新受社会科技、经济、政治等多个方面因素的制约,这些因素又随着社会制度的不同有着本质的差异,因此是一个具体的、复杂的社会实践过程。不仅如此,影响技术创新各种因素的地位、影响程度也会随着社会制度的不同而有所差异,所以,技术创新的动力机制,是随着企业生存的社会环境、企业自身的创新能力以及技术创新的难易程度而变化的。而各种不同的动力机制就形成了不同的创新模式,因此,它们的存在既是现实的,也是合理的,它们只具有一定的科学内容,但都只反映一个方面的真理性,这些方面是在增加的,并且占主导地位的方面是会转移的。因此,不可能存在一个普遍适用的理论模式。我们不需要也不可能去追求一个统一的、抽象的理论模式,这就是技术创新多元动力理论的基本思想。

三、产业升级

产业升级研究开始于 20 世纪 90 年代末,是由格里芬(Gerrifi,1999)等最先进行的,在此之前,人们主要研究"产业结构调整"问题,其理论主要有:刘易斯的二元结构转变理论(Lewis,1954)、赫希曼的不平衡增长理论(Hirschman,1958)、罗斯托的主导部门理论(Rostow,1960、1971)和筱原三代的两基准

---

① 中共中央、国务院在 1999 年颁布的《关于加强技术创新、发展高科技、实现产业化的决定》。

理论(Shinohara,1955)。而国内对产业升级的理解,也首先认为是"产业结构的调整",这是由吴崇柏(1988)提出的,产业升级是产业结构的转换升级,是生产要素使用比例的转换,所投入的要素由以劳动为主,逐步转换成以技术与资本为主。进入20世纪90年代后,产业升级问题已经主要从产业间比例调整转向深层次的产业结构调整新阶段,但依然是产业结构调整形式的产业升级。

随着产业升级问题研究的深入,其理论已经从经典的宏观层面拓展到中观以及微观层面。宏观层面的产业升级是指社会整体产业层次结构的变化,是根据各产业的比重变化来度量产业升级,也就是我们通常所说的产业结构升级。而基于管理学视角的宏观层面的产业升级是基于全球价值链理论的解释,认为产业升级是一个企业、一个地区或一个国家在某个产品的价值链中,通过"干中学"和"组织演替",实现价值链的逐步提升。

关于中观层面产业升级的概念是基于经济学和管理学理论的结合而概括的,众多的研究认为,产业升级是指产业的效率得到了提升,是产业的技术水平和附加值从低到高的演化过程。很显然,中观层次的产业升级与产业链相关联,主要是从某一产业内部展开,强调的是生产要素、资源集约度、生产能力、价值创造程度、产业竞争力的转换与提升。

基于经济学理论的微观层面的产业升级是从产品方面进行描述的,认为当企业的产品逐步脱离劳动密集型时,就实现了产业升级,很显然,这主要是从生产要素转移的视角来进行研究的。而基于管理学理论的产业升级是从价值链视角出发的,如格里芬(1999)认为,产业升级是一个企业进入更具赢利能力的资本和技术密集型经济领域的过程,这一过程是沿着价值链内部从低到高的增加值活动的转变。潘(Poon Lim,2004)认为,产业升级就是将企业的产品由技术水平和附加值低的状态向生产高价值的资本或技术密集型转换的过程。

综上所述,产业升级是一个经济学和管理学理论相结合的综合性问题,纵观这些研究,从微观—中观—宏观三维层次出发,基于经济学与管理学两个视角来系统地梳理产业升级内涵及其运作机理,归纳如下:第一,企业通过技术创新、工艺创新、流程重组等,提高企业价值,提高产品竞争力;第二,各产业部门积极努力,提高产业的技术水平和资金密集度,向差异化产品转换,以提高生产能力、创造高附加值的产品,形成产业的核心竞争力;第三,国民经济产业结构在各种因素①的影响下,其比例逐步发生变化,第一产业的比例逐步降低,第二产业的比例逐步增加,增加到一定程度之后,最后被第三产业超过的升级状态。应该说,上述关于产业升级的概念各有其解释力,但也有一定的不足,如果只是单纯地认为产业升级就是提高技术水平、附加值和资金密集程度,可想而知,这种观点最终会导致区域之间、国家之间的产业雷同,从而就不存在国际分工和区域分工现象了。

所以,基于以上认识,本书在借鉴高新和(2009)观点的基础上,认为产业升级是产业能力的培育和提升过程,这种能力包括开发和创造需求的能力、提高资源集约度的能力、提高产品竞争力的能力等。产业升级的根本路径是产业在不断适应产业环

---

① 主要指资本、技术、供需结构、对外贸易结构。

境变化的过程中,基于比较优势,通过技术创新,实现产业升级
的更高目标。

第二节　相关理论进展

产业升级问题已经引起了国内外学者的关注,研究思路主
要有两种:一是产业结构调整论,即研究三次产业之间的变动规
律和产业层级间的跃动规律。二是价值链升级论,当生产要素
比较优势发生变化时,产业就会沿着"微笑曲线"由产业链中附
加值的低端向附加值高的产业链两端移动。依据这两种思路,
确定产业升级的基本动力是要素禀赋和企业能力变化驱动的诱
致性创新。因此,本书仅对这些相关理论进行简单综述。

一、产业升级的相关理论

1. 要素禀赋理论

要素禀赋是指一国拥有的各种生产要素的数量。要素禀赋
论(factor endowment theory)是现代国际贸易理论的新开端,被
誉为国际贸易理论的又一大柱石,其基本内容有狭义和广义之
分。狭义的要素禀赋理论[①]又称要素比例学说(factor
proportions theory)。该学说由赫克歇尔(Heckscher,1919)首先
提出基本论点,由俄林(Ohlin,1933)系统创立。该理论认为,国

---

① 实际上就是赫克歇尔—俄林理论(Heckscher-Ohiln Theory)。

际贸易之所以产生是因为建立在相互依存价格体系基础上的各国生产要素的相对丰缺程度不同,导致生产成本不同,因此出口或进口的产品也不同,贸易类型也不同。广义的要素禀赋理论包括狭义的要素禀赋论和要素价格均等化学说。

根据要素禀赋论,一国的比较优势产品,一定是密集使用该国相对充裕而成本较低的生产要素生产的产品,这些产品可以用来出口;而进口的产品,一定是使用该国相对稀缺而昂贵的生产要素生产的产品。简言之,劳动力资源丰富的国家,它出口的商品是劳动密集型产品;相反,资本丰富的国家,它出口的商品是资本密集型或技术密集型的。

2. 比较优势理论

该理论认为,由生产技术的相对差别(而非绝对差别),产生的相对成本的差别是国际贸易的基础。每个国家都按照低成本的原则,利用"比较优势"的生产要素,生产产品并用来出口,而进口的产品一定是不具有"比较优势"的生产要素,这样,双方都获得由专业化分工带来的提高劳动生产率的好处。

比较优势理论实际上是基于要素禀赋的理论,主要分为三种类型:劳动力优势型、资本优势型和技术优势型。

要素禀赋理论和比较优势理论与产业升级的关系主要体现在战略选择上,最具代表性的是林毅夫(1999)及其合作者的研究,他们认为,无论是产业结构还是技术结构的升级,都是生产要素比较优势变化的结果。也就是说,一个国家要想改变其在国际分工体系中的位置,就是要改变其要素禀赋。产业升级正是通过要素禀赋结构不同的产业或产业环节的替代,或要素禀赋贡献率的提高来实现的。

比较优势理论对于一个国家或地区生产什么产品给出了答案,但却没有给出产业升级的路径,于是出现了比较优势演化理论,该理论是对上述比较优势理论的拓展。

3. 基于能力的比较优势理论

这个理论主要是来源于一些关于比较优势演化的论文,其中,伊达尔戈等(Hidalgo 等,2007)发明了产品空间方法,用来测试一国是否具有生产某种产品的能力,表明产业升级是否受到现有能力的制约。而里卡多奥斯等(Ricardo Hausmann 等,2007)研究发现,一国出口产品的结构变化是与该国产品的空间结构有关的,尤其是产品空间的初始结构,乃至会影响该国的发展路径,这一理论简称 HK 模型。

HK 模型的假设如下:任何产品都是利用特定的生产要素进行生产的,具有独特性,也就是说,不同产品之间使用的生产要素是不同的,不同产品之间具有不完全替代性。假定产业升级的收益为 ΔP_{ij},$\Delta P_{ij} = f\delta_{ij}$。其中,$\delta_{ij}$ 表示从产品 i 到 j 的技术距离,如果 $i = j$,δ_{ij} 就为 0,否则就大于 0。升级的成本为 $c(\delta_{ij}) = c\delta_{ij}^2/2$,为实现利润最大化,即 $\max\pi = f\delta_{ij} - (c\delta_{ij}^2/2)$,所以,产业升级的最佳距离为 $\delta_{ij} = f/c$。根据 HK 模型,产业升级方向确定的原则是,选择距离现有产业最近的产业,并向其跃升。

该理论的实质就是强调,一个国家的产业升级是受其现有能力制约的,成功与否取决于比较优势转换过程中所需能力的级差。当级差过大,如果将其失去比较优势的产业持续成功地转移出去,而自身的产业升级能力不足,就会出现产业的空心化现象;相反,如果级差很小,在产业转移的同时,自身的产业也会不断地实现升级。

4.价值链升级理论

价值链理论是在20世纪80年代提出和发展起来的,以波特(Porter,1985)为代表。波特认为,公司的整体经营活动是由一个个单独的、能创造价值的具体活动组成,主要是基本活动(生产、营销、运输和售后服务等)和支持性活动(原材料供应、技术、人力资源和财务),它们之间相互联系,形成公司价值创造的链条,即价值链。同时认为,价值链不仅存在于公司内部,也可以与其他经济单位相连。克格特(Kogut,1985)更是将价值链的概念从企业层面扩展到区域和国家层面,认为价值链的各个环节可以在不同国家和地区之间进行配置,而如何配置则取决于比较优势,这一观点对全球价值链理论的形成极为重要。

1999年,格里芬在此基础上提出了全球商品链的框架,把价值链升级的动力机制分为生产者驱动和购买者驱动。生产者驱动是通过生产者投资,从而推动市场需求,在全球范围内形成生产供应链;而购买者驱动是通过强大的经济体(具有品牌优势和国内销售渠道),在全球进行采购,定点组织生产,从而形成了跨国商品流通网络。但在21世纪初,这一理论也被格里芬及该领域的一些研究者们归为全球价值链理论中。

价值链升级是指随着企业能力的提高,厂商的生产活动沿着价值链上升,从而获得更多的收入。汉弗莱和施密兹(Humphrey和Schmitz,2002)从理论上把升级分为四种类型,两类属性:产业内升级包括工艺升级、产品升级、功能升级;产业间升级主要指价值链升级。

一般而言,产业升级的路径是遵循相关性、从附加值低到高的原则,即沿着价值链从现有环节向稍高一级相联系的环节上升的过程。一般来说,遵循工艺升级、产品升级、功能升级,最后到价值链升级。但对于生产者驱动价值链而言,由于产业特点及产品特点的复杂性,使产业升级的路径变得更加复杂。毋庸置疑,产业升级的过程依赖于比较优势的演化。当竞争优势增加时,就会从片断化的产品分工中获得更高价值的收益。比较优势的演化不一定都是线性的,也不能出现分岔或跳跃。

由上可以看出,一个国家的产业升级与比较优势或要素禀赋有很大关系,而比较优势或要素禀赋的演化是借助价值链的学习效应,取得技术进步和市场关联,实现向更高价值经济活动的转移,这也体现出产业升级的路径。正如格里芬(1999)在研究东亚服装产业升级模式时指出的那样,从委托组装→委托加工→自主设计和加工→自主品牌生产→链条转移,是通过全球价值链实现的。

5. 全球技术链升级理论

关于技术链的概念,目前有两种不同的描述:第一,对于一个产品而言,各种技术之间存在承接关系,即一种技术的获得和使用,一定是建立在另一种技术的前提或基础下,这样相关技术之间就形成了一种链接关系;第二,由于产品之间存在上下游的链接关系,这样产品之间的技术链就是通过物化于产品中的各种技术来链接的。无论上述哪种定义,都说明可以从技术的片断化分工中寻找自身在技术链中的位置,通过分工协作组成完整的技术链条。

根据毛荐其(2007)描述的全球产业技术链纵向梯次分布关系(见图1-1),一个国家的产业升级意味着它所拥有的关键技术要从低到高不断进行演化。

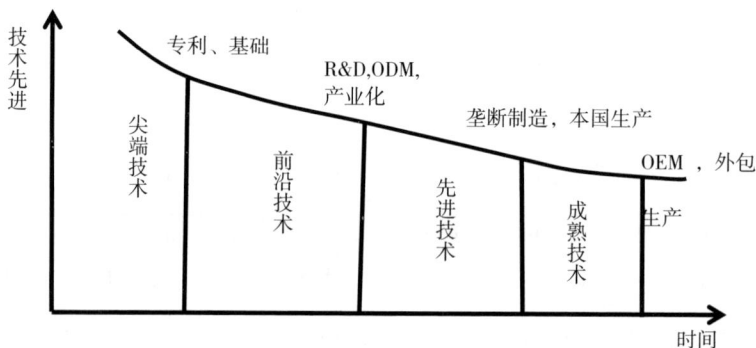

图1-1 全球技术链纵向分布

资料来源:毛荐其:《全球技术链的一个初步分析》,《科研管理》2007年第11期。

就一个具体的产业而言,产业升级意味着它所包含的产业主干技术、产业配套技术和产业辅助技术,或全部升级,或由于其中的某项技术升级从而带动其他技术升级。技术升级模式有链内升级和链间升级,链间升级又分为链间顺序升级和链间跨越升级,具体见图1-2。

综上所述,无论是比较优势理论、全球价值链升级理论还是全球技术链升级理论,都离不开微观企业,只有企业通过不断的创新和技术进步,才能占据高附加值、高技术水平的环节,从而意味着产业得到升级。因此,尽管影响产业升级的因素很多,但技术进步是根本动因。关于这一点,可以追溯到早期的研究和发展中,主要有德国经济学家霍夫曼(Hoffman,1931)在《工业

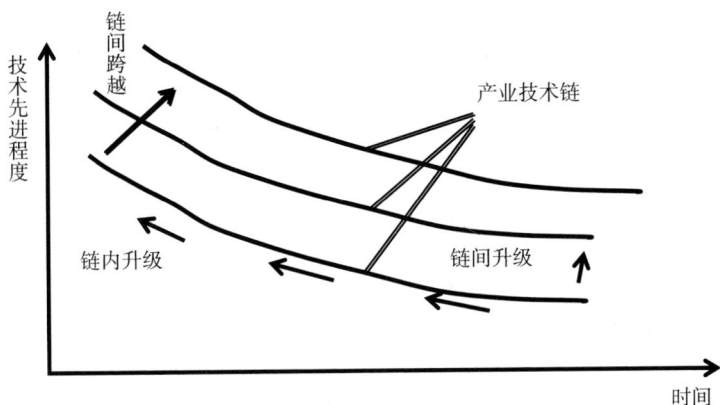

图 1-2　技术链升级模型

资料来源：毛荐其：《全球技术链的一个初步分析》，《科研管理》2007 年第 11 期。

化阶段和类型》中提出的霍夫曼定理、日本经济学家篠原三代平的篠原两基准理论（1957）、艾伯纳西（Abernathy）等提出的 AU 模型、安德森（Anderson）等构造的技术变革循环模型、美国经济学家罗斯托（Rostow）的主导产业理论等，均把技术创新视为产业升级的一个重要动力。

二、关于技术创新的动力源

关于这个问题的研究，国内外许多学者进行了理论推演，也进行了实证分析，侯先荣等（2003）在《企业创新管理理论与实践》一书中总结得比较全面，认为技术创新的动力有一元论、二元论、三元论、四元论、五元论以及技术轨道推进论等理论，实际上与其说有这些理论，还不如说技术创新的动力源经过了这些演化。

一元论学说主要来源于《科学——无止境的前沿》这一报告，是由时任美国总统科学顾问万勒瓦·布什（Vannevar Bush）在 1945 年写的。布什认为："新产品和新工艺是依赖于基础研究所产生的新的原理和概念。"具体见图1-3。图1-3表明,科学技术一方面按其本身的发展规律,有持续发展的趋势;另一方面却不断地在生产化和商业化之中寻找突破口。

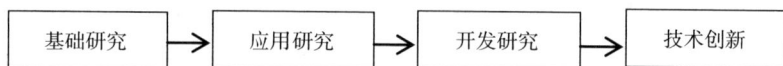

```
┌────────┐    ┌────────┐    ┌────────┐    ┌────────┐
│ 基础研究 │ →  │ 应用研究 │ →  │ 开发研究 │ →  │ 技术创新 │
└────────┘    └────────┘    └────────┘    └────────┘
```

图1-3 技术推动的创新模式

资料来源:侯先荣、吴弈湖:《企业创新管理理论与实践》,电子工业出版社2003年版,第152页。

二元论产生于20世纪60—80年代,施穆克勒(Schmuckler,1966)研究了美国的几个行业,主要有铁路、炼油、农业和造纸工业等在19世纪上半叶到20世纪50年代的投资、存量、就业和发明活动之间的关系。实证研究结果表现出投资和发明活动结果之间的变化是同步的,但投资序列领先于专利的变化。因此,他认为发明和专利的高涨是外部需求增长的结果,通过外部需求来解释投资波动更好。20世纪80年代,美国斯坦福大学莫厄里(Mowat)和罗森堡(Rosenberg)认为,由于创新的复杂性,成功的技术创新,不可能确定于某一因素,既反映需求的特征,又包含R&D活动所带来的新技术知识的应用,往往是二者共同作用的结果。这样就出现了技术创新动力的二元论,如图1-4所示。

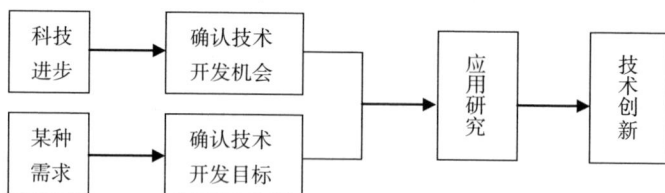

```
┌────────┐    ┌────────┐
│ 科技   │ →  │ 确认技术 │ ─┐
│ 进步   │    │ 开发机会 │  │   ┌──────┐    ┌──────┐
└────────┘    └────────┘  ├→ │ 应用 │ →  │ 技术 │
┌────────┐    ┌────────┐  │   │ 研究 │    │ 创新 │
│ 某种   │ →  │ 确认技术 │ ─┘   └──────┘    └──────┘
│ 需求   │    │ 开发目标 │
└────────┘    └────────┘
```

图1-4 技术推动与需求拉动的综合模式

资料来源:侯先荣、吴弈湖:《企业创新管理理论与实践》,电子工业出版社2003年版,第153页。

在三元论里,政府行为也被认为是技术创新的动力。政府行为主要有两种:一是政府的规划和组织;二是指政策和法律行为。三元论的观点可以用图1-5表示。

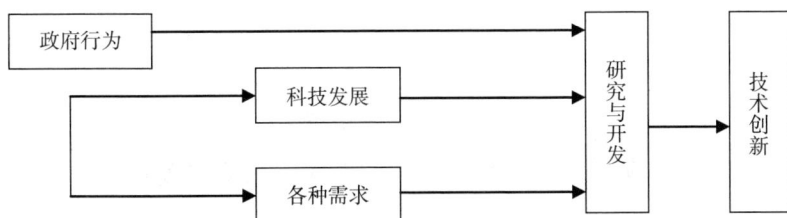

图1-5 有政府行为的技术创新动力理论

资料来源:侯先荣、吴弈湖:《企业创新管理理论与实践》,电子工业出版社2003年版,第153页。

四元论认为,在上述动力基础上,企业家也是一个不可或缺的因素。英国的肯尼迪(Kennedy)、冯·威札克(Von Witzke)、费尔普斯(Phelps)等认为,企业家的创新精神是由内在固有的人格特质决定的,同时,企业家的创新精神也来源于对市场利润的渴望。这一结论得到了著名的美国学者彼得·F.德鲁克(Peter F.Drucker)的认同。根据四元论的观点,我们可以得出图1-6的模型。

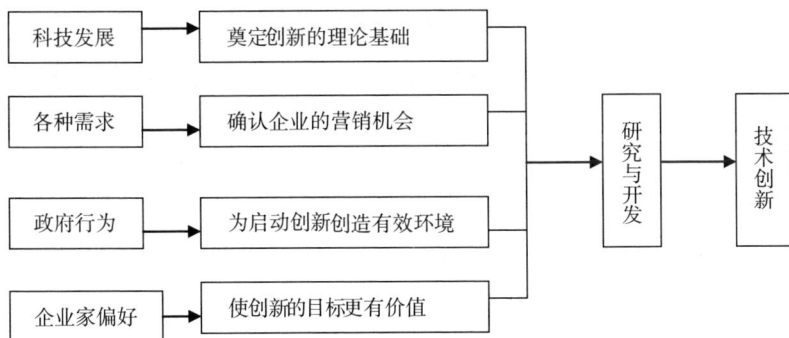

图1-6 技术创新的四元动力模式

资料来源:侯先荣、吴弈湖:《企业创新管理理论与实践》,电子工业出版社2003年版,第154页。

在五元论的观点中,技术创新的动力还应包括社会、技术、经济系统的自组织作用。所谓自组织,是指系统内的要素之所以形成特定的结构与功能,是根据系统变化的规律以及在一定条件基础上完成的。当社会、技术、经济系统的状态进行转移时,创新一定出现。20 世纪 80 年代初,创新理论又有了新的进展,英国学者多斯(Dos)提出了"技术轨道"这一概念。认为"技术轨道"的形成是由于根本性的创新所带来的新的观念,随着其逐渐模式化,就成了技术典范,这样就固化为技术轨道,在这条轨道上就会有持续的创新涌现,并为形成新的技术轨道积累能量。该理论的意义在于,它为人们科技活动指明了方向。

第三节　国内相关文献研究述评

更多关于相关理论和具体问题的研究综述详见各章,本部分只是针对总体问题的综述。

一、关于产业升级问题研究的最新进展

近年来,我国对产业升级问题的研究大量涌现,主要是关于产业升级的动力、路径和模式研究,很多学者进行了大量的综述,比如周瑞明(2014)、丁晓强和葛秋颖(2015)、唐晓云(2012)、陈羽和邝国良(2009)等,本书不再重复。本书仅对近年来出现的经典文献进行综述。

张其仔在其《比较优势的演化与中国产业升级路径的选择》(2008)一文中,从里卡多豪斯曼等(Ricardo Hausmann 等,

2007)的比较优势演化理论出发,在 HK 模型的基础上,假定企业所从事的产业与多个产业的技术距离相同,提出了扩展的 HK 模型,具体见图 1-7。

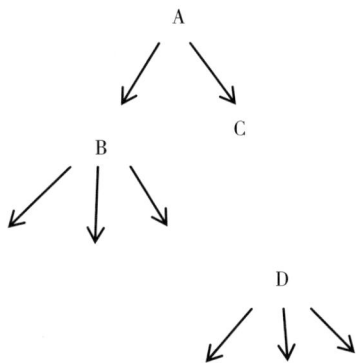

图 1-7　扩展的 HK 模型中的产业升级

资料来源:张其仔:《比较优势的演化与中国产业升级路径的选择》,《中国工业经济》2008 年第 9 期。

从图 1-7 中可以看出,企业在选择产业 B 和 C 的最大区别在于后续产业的升级机会是完全不同的。该文引用产业度这一概念来衡量产业升级的机会,产业度越大,升级的机会就越多。这可以解释发展中国家的潮涌现象,产业度越大,产业升级产生的潮涌就越弱,产能过剩问题就越小。同时,扩展的 HK 模型可以很好地解释跨越式产业升级,从图 1-7 中可以看出,只要 D 的产业度足够大,企业就有足够的动力从 A 跳到 D。

按照比较优势演化理论,产业升级会出现分岔现象。一般来说,产业升级分为产业内升级和产业间升级。如果产业内升级和产业间升级交叉进行,在产业升级过程中就出现了分岔。同时,产业升级也会存在"断档"的风险。当一个国家进入中等收入国家之后,随着工资成本、环境成本的上升,就会面临低收入国家的挑战,如果不实现比较优势的突变,企业无法找到最佳距离,就会引发比较优势的断档,出现经济衰退。目前中国已经进入中等收入国家,经济发展的新常态,就已经表明我国正处在比较优势的突变需求时期。

张其仔在《中国能否成功地实现雁阵式产业升级》(2014)一文中发现,中国发生了雁阵式产业升级现象(所谓雁阵模式,最先由日本经济学家赤松要提出,认为发展中国家为了尽快缩短与发达国家的差距,只能通过引进外资,然后消化吸收来发展国内市场,提高本国的技术水平、生产力水平,再结合本国的要素禀赋,开发国外市场,实现出口导向的战略。这一理论作为指导发展中国家通过引进外资,实现产业升级的发展模式,具有独到的价值)。同时,通过对地区间比较优势的演化分析,发现中国正面临比较优势陷阱的风险。东北地区的经济告急,也说明存在比较严重的"断档"现象。这样,为了避免、化解风险,研究把技术创新作为产业升级的动力机制的相关问题,有利于建立一个促进技术创新的体制机制,提高企业的创新能力,缩短产业升级的距离,顺利实现产业升级。

可是也出现了这样的研究,如何在产业升级过程中提升企业的技术创新能力。金碚(1991)和周耀东(1999)通过分析中国工业化进程中技术进步、模仿与创新,表明学界已经开始关注这样的问题。吴丰华等(2013)认为,产业升级对技术创新的作用机理是通过微观的需求拉动效应、中观的地区协同效应、宏观的国际贸易效应来实现。通过利用1997—2011年全国30个省份的面板数据进行分析,结果表明:第二、第三产业的升级能有效带动技术创新能力的提升,其作用的大小也存在区域差异。

二、东北地区依靠技术创新推动产业升级问题

相关研究主要有：欧利云（2005）在《技术创新促进东北地区经济发展若干问题研究》中分析了东北地区技术创新能力以及所处的发展阶段，对技术创新如何促进东北地区经济发展问题进行了着重的研究；王伟光等（2006）在《东北区域产业创新体系路径选择与政策研究》中分析了东北区域产业创新体系与经济体系的非对称性，提出东北区域产业创新系统优化的路径；李天舒等（2006）在《东北地区全面推进工业结构优化升级的评估分析（中国东北地区发展报告）》中将东北地区工业结构与全国进行比较分析，提出东北地区应加强技术创新、深化东北地区工业合作开发以推进东北地区工业结构优化升级的对策；宋晓洪（2006）分析了东北地区制造业技术创新的现状，通过对集群学习模式、组织模式、运行模式的进一步分析，提出完善技术创新环境和相关法规等对策建议；李天舒（2007）在《东北地区工业比较优势及产业升级途径》中从增强东北工业竞争优势的角度，提出明确各支柱产业和主导产业提升核心竞争力的方向和要点是突破产业发展的技术"瓶颈"来解决东北地区产业升级的问题；宋冬林（2008）基于建立创新能力和竞争力的评价指标体系，对东北三省的创新能力和创新的工业竞争力进行了动态描述和综合评价，提出了传统产业的改造与提升、新兴产业的扶持与发展、税制改革与税收优惠、结构调整中的技术路径选择等一系列产业结构调整的对策建议。但是，上述研究主要侧重于提出了技术创新推动产业升级等方面的对策建议，还没有关于东北地区如何依靠技术创新推动产业升级的研究。

三、技术创新政策问题

自熊彼特提出创新这一概念以来,各个国家都非常重视,出台了相应的政策来推进技术创新,主要是科技政策。科技政策是一系列有关引导、激励和支持企业开展创新活动,形成成果及应用的基本行动准则,是国家有目的的行为,是确定科技和经济发展方向,指导科技和经济发展的战略和策略原则,其政策形势表现为一系列的法律法规、计划和规则、条例、措施和办法等。科技政策的产生可以追溯到第二次世界大战之后,首先出现的是科学政策,在 20 世纪 50—60 年代,出现了技术政策,创新政策的概念是由 OECD 在其 1982 年的报告《创新政策》中首次提出的,总之,科技政策的发展演化历程同科技实践是高度协同的,都是遵循"科学—技术—创新"范式逐渐收敛。因此,科技政策并不存在一个从科学政策到技术政策再到创新政策的历史发展阶段,在实际中,它们是同时存在的,常常相互重叠和混杂(伦德瓦尔和博拉斯,2009;Lundvall 和 Borras,2005)。在现阶段,一般来说,创新政策包含科学和技术政策,范柏乃等(2012)认为,创新政策是一国或地区为推进技术创新而采取的一系列政策的总和。所以,关于推动技术创新的政策研究,既与科技政策有关,也属于技术创新政策的范畴。

技术创新不仅是产业升级的根本动力,也是经济可持续发展的基本要求,这引起了我国政府的高度重视,因此,自改革开放以来,我国各级政府先后出台了一系列政策法规,形成了主体框架,对企业的技术创新起到了非常大的作用。但目前仍存在很多问题,比如,很多政策集中在微观和宏观层次上,关注的是企业的技术创新和国家的整体发展需求,而产业层次的技术创新政策却较少(赵兰香,1999)。孔欣欣(2008)提出了部门创新体系的概念,虽然与产业或行业的概念相近,但又存在明显的差异。部门创新体系更强调企业、非企业组织、制度之间的联系和网络作用,是产业概念的延伸和扩展。由于这一概念提出得较晚,使其在政策研究和实践中的应用受到限制,在 OECD 各国中有其应用的影子,但在我国还极其缺乏。朱旭峰(2003)结合 WTO 协议中关于我国 IT 产业的相关协议,对 IT 产业的创新政策问题进行了深入的探讨,据此得到一些启示。闫凌州和孙红(2010)通过研究主要发达国家关于科技与产业政策,找到了他们的演变特征,据此提出了相应的对策建议。赵兰香(1999)认为,产业政策以宏观政策为支撑点,给微观政策指明了方向,因此,是宏观政策与微观政策之间联系的桥梁。总之,上述研究主要以提高技术水平和结构调整为主,缺乏针对产业问题的具体研究。所以迫切需要技术创新政策推动产业创新的案例与实证研究,为政府完善产业层次上的技术创新政策提供科学依据。

第四节　基本理论梳理

一、产业升级的根本动力是技术创新

1. 技术创新作为根本动力的适应性

关于产业升级的动力和决定因素研究,竞争优势理论(波特,1985)认为,一国产业升级的动力主要来自该国的要素禀赋所形成的比较优势与需求;而标准的比较优势理论认为,一个国

家要想改变其在国际分工体系中的地位,必须要改变其要素禀赋。国内学者林毅夫等(1999)也认为,比较优势是一种有效的经济战略,中国正是由于采取了符合要素禀赋条件的发展战略(发展劳动密集型产业),才实现了高速增长。那么,改变要素禀赋结构或者实现技术进步,都可以认为是产业升级的动力,即提高要素贡献率。这对于企业而言,会根据不断变化的要素禀赋结构、调整的要素价格,对收益和成本进行对比,来选择相应的产业结构和技术结构。而对于一个国家而言,一定会制定一些政策,推动技术进步,提高要素生产率,以实现产业效率提高的目标。很显然,企业对技术结构的正确选择,会使该国的产业最具竞争力,同时也能达到成本最小化。

关于中国区域产业升级的动力问题有两种观点:一种是依靠市场机制,基于要素禀赋决定的比较优势理论,服从梯度转移模式;另一种是在地方政府分权体制下,通过地方政府扶持有可能背离比较优势的主导产业,推动了产业升级,服从反梯度模式。前者体现在我国发展劳动密集型产业方面取得的巨大成功,后者体现在我国目前存在的区域产业"同构"、地方保护主义和产能过剩问题,当然,这种反梯度转移模式的成功与产业集聚所带来的规模报酬递增效应是分不开的。

利用比较优势促进产业升级需要有两个前提条件:一是要素禀赋的存量基础比较扎实,二是要素价格能够真实地反映要素的稀缺性。虽然我国要素禀赋结构的特点是劳动力资源比较丰富,但如果只是发展劳动密集型产业,就会使我国的产业被锁定在全球价值链的低端环节,实践中也确实是这样,由于我国企业采取的是依靠扩大生产规模来降低成本,而不是全力开发自主技术的竞争战略,所以,伴随着中国宏观上的成功,并没有带来本土产业的升级,还使企业发展达到了极限。另外,由于我国市场化进程是以商品市场化为主要特征的,而要素市场化①却远远落后,因此,市场上要素的稀缺程度不是通过要素价格反映出来的。仅利用比较优势理论,还不足以指导我国产业升级的实践。

关于产业升级动力的另外一种观点是从企业角度进行思考的,认为产业升级是由市场需求决定的,一方面是为了满足人们对产品消费的需求,另一方面是企业家面临即有产品利润率下降,追求成本下降的需求,而企业技术创新是使市场需求得以实现的关键环节,并且还会创造出新的需求。因而,产业升级的主体应该是企业,关键是企业的技术创新,前提是研发的投入。利用企业对市场需求信息熟知的优势,通过有目的的研发活动,探索前沿技术,掌握产品的核心技术,促进传统产品更新换代,从而实现产业内升级。同时,当新技术、新工艺开始应用时,原有的产业可能通过细化某些产品、扩大生产规模,进而形成新的产业部门,实现产业间升级,关于产业升级的原理详见图1-8。

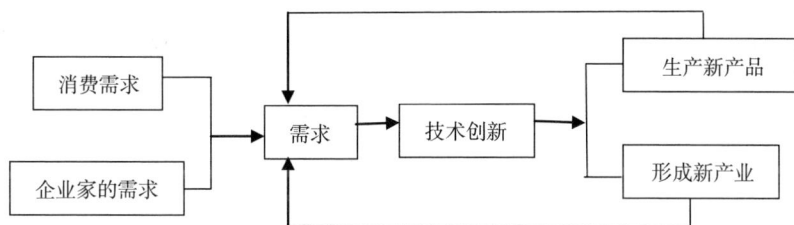

图1-8　产业升级的原理

资料来源:通过整理相关资料得出。

---

① 包括资本、土地、技术等市场化程度。

2. 技术创新推动产业升级的作用机理

影响产业升级的因素很多,比如国民经济增长水平、资源禀赋、技术进步、市场需求、经济政策、投资结构、劳动力流向、人力资源水平、财税政策等。产业升级就是在以上这些因素的相互作用下实现的。但是,众多研究表明,技术创新是关键因素。

通过技术创新,能使不同产业的比较生产率发生变化,生产要素也随之从生产率低的部门向高的部门转移,从而转变增长方式,提高核心竞争力。但由于各个产业的技术经济特点不同,吸收和采用新技术的时间长短也就不同,效率和扩张速度自然而然也就不同,这一系列差异,以及某些产业绝对收缩的结构性变动,在一个资源可以自由流动的社会里,必然促进产业结构的有序发展。其机理如下:

第一,利用新的技术,对传统产业进行改造,形成新的产业,达到产业升级的目的。由于不同的产业技术构成是不同的,当新的生产函数导入时,在原有的生产要素的状态下,系统内部结构会进行调整和发生变化,从而影响系统产出。显然,导入了新的生产函数,系统的技术进步随之进入,最终将会导致产业的变化。

随着传统产业的成功改造,以及不断涌现的新兴产业,没被改造的产业在市场上逐步失去竞争能力,最终退出市场,完成产业升级的过程。

第二,技术创新可以通过改变影响因素,间接地推动产业升级。这些影响因素主要有需求、供给、就业、贸易等。

随着技术的创新,新产出(包括产品和劳务)的出现,诱导出新的需求,使潜在的市场需求有了释放的空间,进而通过国民收入的总水平和分配的变化拉动产业升级,总之,从需求因素的作用来讲,是最直接、最基本的。

供给因素主要包括劳动力、资本、自然资源、技术水平,这些因素的供给程度以及被利用程度通过劳动生产率和生产成本的变化,来影响产业升级的发展。由此可见,供给结构的效益决定产业升级的水平。

就业结构对产业升级的影响是通过技术创新来完成的,技术创新带来了很多新兴产业,这种产业的多样化和专业化,使劳动分工不断细化,带来了产业升级。

贸易结构的改变是通过技术创新所带来的劳动生产率的提高,使比较优势发生了改变,使产品具有足够的竞争力,出口导向导致产业升级。

综上所述,技术创新对产业结构调整和升级的影响机理见图1-9。

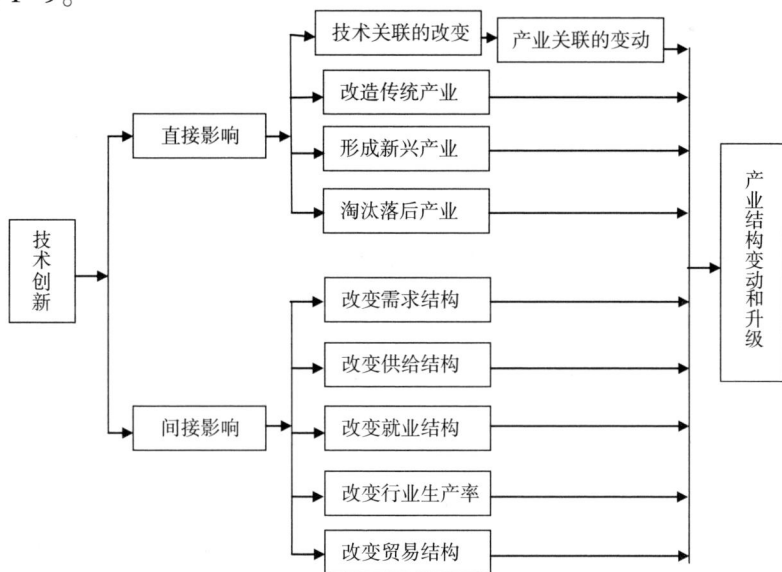

图1-9　技术创新对产业结构调整和升级的影响机理

资料来源:通过整理相关资料得出。

正是由于技术创新对劳动手段、劳动对象和劳动力等社会生产力的各种要素产生直接的影响,对需求、供给等因素产生间接影响,使技术创新成为产业升级的关键动力。

二、企业是技术创新的主体

1. 创新主体的历史演变过程

创新是由谁主导的,对这一问题的认识是随着创新发展阶段的不同而不同的,经历了一个从个体到组织的演变过程。在最初的熊彼特时代,市场需求完全是由创新诱导的,正是由于技术创新使新的产业或企业诞生,如 19 世纪以来的火车、汽车、飞机等,因而熊彼特认为技术创新的主体是个体,主要指企业家。可是,随着创新复杂性的增加,尤其是到了 19 世纪 70 年代以后,那种形成技术轨道的创新已经不多见,而是通过在管理过程中,从顾客的实际需求中汲取灵感,而且趋于智能化、高技术化。所以,德鲁克认为,创新是由多个个体组成的,虽然主要是企业家,还应有管理者、技术人员甚至普通员工。

但是,当创新越来越复杂时,其要求不仅是量的扩张,而且是质的深入,对环境的支持也提出了相当高的要求,如专门的实验室和实验设备、广阔的信息来源、充足的资金供给等。很显然,单凭个体是很难满足的,只有组织才能满足这样的条件。同时,创新活动的完成是各个部门协作的结果。那么,企业作为一种社会经济组织,不仅自身有创新需求,而且能够满足创新所需的条件,能够承担技术成果转化的职责,因而,到了 20 世纪 80 年代,企业是创新活动的真正主体这一观点得到了学者们的普遍认可。

即便如此,创新主体的内涵随着知识经济的发展也逐渐发生演变,其职责越来越宽泛,不仅要负责研发成果的市场化运作,也就是说,要根据市场的需求选择和应用科技成果,并实现其商业价值;同时,还要根据市场上的需求,作为主要投入者和执行者来开展研发活动,参与到研发阶段。

企业投入研发项目,有三方面的优势:第一,资金较充足,能够满足技术创新的需求,而相比较而言,政府所支持的项目都是针对竞争前的技术或共性技术;第二,企业所投资的项目,都是基于对市场的了解,因而能使顾客价值的空间得到进一步提升;第三,对企业本身而言,能满足提升吸收能力的需求。科恩(Cohen)和利文索尔(Levinthal)认为,企业吸收能力的提高,是源于进行 R&D 投资之后,在不断的学习过程中实现的,这也正是企业愿意承担学习的巨大长期成本的根本原因。

企业作为创新主体并不意味着创新活动是独立进行的,恰恰相反,如果没有大学和科研机构的参与,企业就无法产生所有新的理论见解,也就谈不上新的技术和新的技能。所以,强调企业作为创新主体,主要指的是企业的主导作用,是在其他组织或个体都参与情况下的知识共享,共同研究,全力开发。

2. 创新主体的动力机制分析

只有拥有自己的专利成果时,这才标志着企业成为创新主体,这是需要动力机制的。企业创新的动力机制,是指企业在从事 R&D 活动时,通过重新组合企业内外部资源,调动各创新主体的积极性,以实现企业创新活动持续的内在要求与适应外部

变化的外在要求之间的互动关系的总和,表现如下:

(1)市场上的超额利润吸引着企业家去追求

超额利润是超过平均利润的那部分利润,主要来源于技术条件和管理水平的差别,当企业的上述水平高于社会平均水平时,生产产品的价格就会低于社会生产价格,从而获得超额利润。毋庸置疑,超额利润在垄断行业可以保持,但本质上是属于垄断利润,而在竞争性行业却不容易获得,只有通过不断地提供替代性低的产品和服务才能实现,而这正是采用新技术的结果。创新程度越高,替代性会越低,超额利润就越高,保持的时间也会越长。很显然,这提供了足够的动力,吸引着富有创新精神的企业家去追求、去开发、去投资或吸引资金,主动开展创新活动,重新组织生产条件和要素,创造或引进一种新的生产方式。具体原理见图1-10。

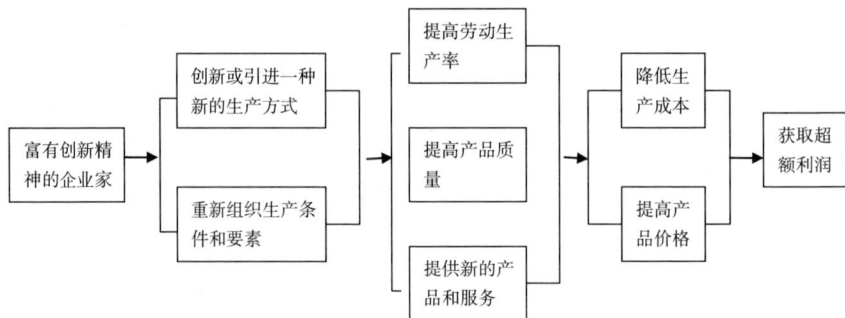

图1-10 企业家超额利润追求过程中的创新动力机制

资料来源:通过整理相关资料得出。

(2)满足企业自身和市场的需求

伴随着世界经济知识化、一体化、全球化的趋势,市场竞争越来越激烈,新的竞争优势应"偏向于那些具有更高技术能力并以此能提供新的产品和服务的企业"。当企业充分认识到这点时,本身就产生了创新的动力,相信只有通过不断地创新,不断地提供新产品和新服务,才能创造更多的价值,从而在市场上获得持久的竞争优势。比如,日本的一些典型企业,主要来源于电子信息、生物医药行业,在加大 R&D 经费投入之后,企业绩效都呈上升趋势,所以,企业开展创新活动,对自身的发展有极大的好处,是企业长期发展的需要。同时,由于企业直接面向市场,对市场需求的信息了如指掌,很显然,当企业开展创新活动时,其成果更能满足市场的需求,实现其市场价值。而高校和科研院所的科技成果,大多是基于理论,只有通过企业的参与,才能与市场的需求相结合,更好地满足市场。很显然,市场需求也给企业创新提供了足够的动力,而且是根本动力,是技术创新活动的来源,也是最终归宿。企业和市场需求推动企业技术创新的动力机制见图1-11。

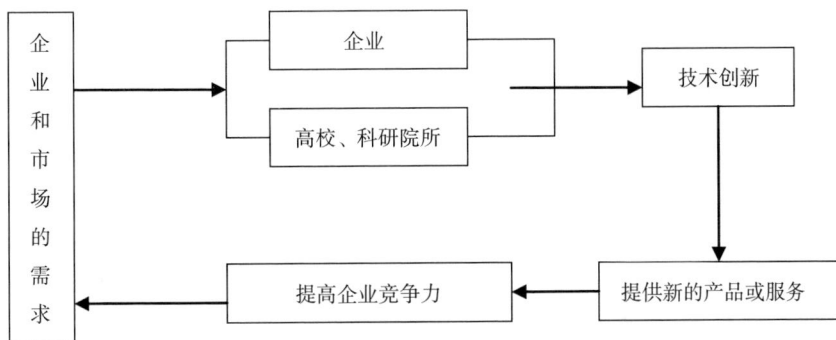

图 1-11 企业和市场需求推动企业技术创新的动力机制

资料来源:通过整理相关资料得出。

(3)完善的市场机制推动

完善的市场机制为企业成为创新主体提供了良好的外部环境,其机制表现在两个方面:一是竞争机制。当竞争机制充分发挥作用时,会迫使企业主动进行 R&D 投资,以打破现有的竞争格局以及利益分配格局,站稳市场。二是激励机制,当企业作为创新主体,通过技术创新活动,获得相应的丰厚回报时,说明技术创新效果通过了市场检验,市场就会形成自组织机制,反过来作用于企业的创新行为。市场机制推动企业技术创新的动力机制见图 1-12。

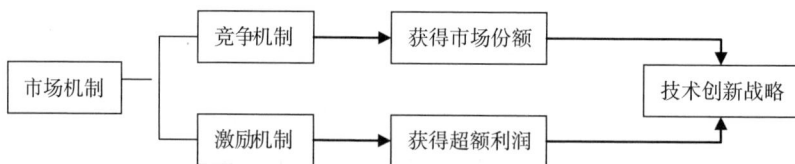

图 1-12　市场机制推动企业技术创新的动力机制

资料来源:通过整理相关资料得出。

三、具有完善的促进技术创新的制度

1. 提供培养创新型人才的沃土

由上可知,技术创新的实现是非常复杂的,需要经历若干个相互关联的阶段,具体是指,从创新构思开始,经历创新决策、创新 R&D、生产制造,最后进入市场营销、用户参与阶段。当然,针对某一项创新,这些活动内容会有不同的表现,有时是线性的,有时是非线性的,多种循环往复的,更有时是多组织的交叉活动和立体并行,其重要性也有所不同。

技术创新之所以这么复杂,需要经历这么多阶段,是因为它不同于技术发明。技术创新决策是形成技术创新活动方案的开始,是企业家面对实际创新客体作出的选择,一旦形成决策,就进入 R&D 投入阶段。创新 R&D 活动是第一个物化环节,通过

R&D 活动,把大学和科研机构研究的知识形态的科技成果,针对市场需求,再进行开发、设计、研制,形成新产品样品、样机或新工业模型,但要想进入生产领域,还必须经过中间试验,当样品、中试产品或工业模型进入批量生产之后,产品或工艺就走向了更为一般的现实生产环境中,从而对生产技术创新提出了更高的要求。生产技术创新是连接产品创新和市场创新的桥梁,是保障创新实现的关键。在市场创新过程中,特别需要消费者的参与,一方面,可以诱导消费者的需求,实现市场价值,给企业以创新回报;另一方面,可以在市场中通过消费者的反馈获得有用的信息,为新的创新决策提供依据,为完善创新产品提供思路。

上述分析所展示的是一个完全线性的过程,实际上的技术创新过程并非如此,经常是非线性的过程,表现为当环境向系统的输入不断发生变化时,系统能够对这种环境及其影响的变化作出相应的反应,并且通过自己的反馈调节机制去应付,创造出更多能满足市场的新产品,实现企业的价值。

同时,技术创新活动还具有偶然性和不确定性。库珀(R.Cooper)和莫尔(R.A.Moore)认为,技术创新是通过一系列决策单元的演化来完成的,这个过程是从"新产品的构想(创新决策)",到"第一单元""第二单元"……"第 n 单元",最后到"新产品的投入生产"的过程系列。每个单元都反复经历四种活动,即收集信息、信息评估、决策、分析不确定性,其目的是减少技术创新的不确定性,技术创新的上述特性[①],使它特别依赖于

① 非线性和不确定性。

创造性天才火花的迸发。甚至有的学者特别极端,认为创造性天才是决定创新能否成功的关键,可见天才的重要性。比如,企业家,正是由于存在企业家精神,才不断地出现创新,社会才得以进步。

2. 完善的专利制度

众所周知,技术创新具有溢出效应,而且,溢出渠道大概有七种①,这种溢出效应对经济发展具有正反两方面的影响。正的影响表现在减少了受益企业的创新投入,降低了创新投入的损失,加快了技术创新的扩散,生产出更多的新产品,提高了消费者的福利,增加整个社会的财富,最终使产业升级;负的影响主要是对创新企业而言,随着整个市场产品供给的增加,创新企业并不能全部获得创新收益,创新所支付的成本就会增加,即边际收益下降,从事技术创新的动机就会下降,而与此相对应,当这种获得不用支付报酬时,其等待创新的动机就会加强。这种正负效应,都有可能挫伤创新的积极性。很显然,进行有效的控制是十分必要的。

专利是一种所有权证书,是一种无形资产,它是保护专利中所含的知识。而专利制度的制定,虽然是以知识的专有垄断性为特征,但是既要保证私人报酬,也要保证社会报酬。保证社会报酬有两项措施:一是专利公开制度。将申请专利的技术内容公开,使公众了解专利的信息,对技术重复投入的费用降低了,节约了对技术探索的经费投入,由于专利的知识成

---

① 主要指技术许可、专利技术的公开、公开出版物与各种技术会议、与创新企业雇员的交谈、雇佣创新企业的雇员、产品反向工程及独立的 R&D 等七种。

为了人类的共有知识,不仅有利于知识转化,而且有助于技术进步和经济发展。虽然在专利的使用过程中,不再免费,但也避免了诸如由不确定性所造成的损失,却具有了知识的独占性。二是专利保护期制度。任何专利的保护都是有一定期限的,超过保护范围,专利就成为非垄断性知识,被人类所共同拥有。这样,就会加快专利的转让速度,否则,其利益就不会得到相应的补偿。

正如著名的制度经济学家诺思(North,1991)所认为的那样,"技术创新迟缓的主要根源就在于缺乏对知识的保护制度",所以能够提高创新的私人收益率,还能激励创新的制度,是随着专利制度的建立才被确立。

3. 完善的技术经营研究和教育体系

把创新成果进行应用,就是技术经营所要解决的问题,正是通过技术经营这个桥梁,使创新成果得以在企业和产业中应用,减少埋葬创新成果的数量。从事技术经营的人必须是复合型人才,既要掌握经济和管理的相关理论和方法,同时还要懂得技术知识,具备知识资产评价能力,只有这样,才能对创新成果的商业前景作出正确的评价,对市场价格给出合理的判断,能引领企业开展有效的创新活动,还有能力通过市场拉动技术。而这种人才的培养,需要有相应的教育体系,据科考格鲁(Kocaoglu)①的统计,在全世界范围内,开设技术经营课程的大学越来越多(见图1-13),由 1949 年的 1 所增加到 2002 年的 200 所(1994 年美国

---

① 美国波特兰大州立大学教授。

为 103 所, 2002 年是美国的统计结果)。

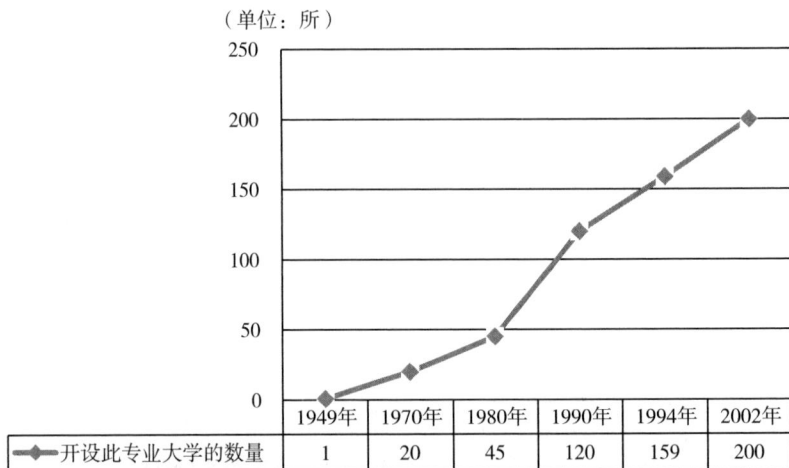

（单位：所）

	1949年	1970年	1980年	1990年	1994年	2002年
◆ 开设此专业大学的数量	1	20	45	120	159	200

图 1-13　开设技术经营课程大学的数量

资料来源：刘海波：《技术经营：一种新兴的创新模式》，《财贸经济》2004 年第 5 期。

　　由此可见，技术经营人才的培养问题已经引起了人们的高度重视，正如日本学者所认为的那样，美国经济的发展、创新的活跃都是得益于 20 世纪 80 年代开始的技术经营（Management of Technology, MOT）教育。目前，美国每年大约有 1 万余名的毕业生投身于技术经营事业。

　　除了人才之外，技术经营还需要一个工具——技术路线图。美国前总统布兰斯科姆（Branscomb，科学技术顾问、哈佛大学教授）把技术路线图定义为"以科学知识和洞见为基础的，关于技术前景的共识"。技术路线图为技术经营者提供：知识、信息基础和对话框架；技术开发战略和政策优先顺序；决策依据和决策效率。技术经营者通过技术路线图熟知所需技术的动态、应用前景及对本行业的影响。创新主体也可通过技术路线图找到技术发展的前沿，相关企业的技术开发现状。

4.完善的风险防范体系

由于技术创新过程是非常复杂的,再加上创新主体实力与能力的有限性,使技术创新过程必然存在风险,通常来说,规模越大、技术水平越高,其风险性就越大。主要如下:

第一是开发风险。开发风险表现为两方面:一是科技成果在转化过程中都存在未知性和艰难性,这一特性在实验室阶段表现不明显,只有在应用于生产经营中才逐步显现出来,这样,势必会造成许多项目由于技术力量薄弱或资金不足而失败。二是如果科技成果开发成功,在一个区域企业集群内部,由于人员流动的便利性和企业联系的紧密性,技术外溢成为不可避免,存在预期效益不能达到的风险。

第二是组织风险。联合攻关是开发技术时常用的组织方式,攻关水平与以下因素有关:成员的知识、能力和创造才能。当企业成员自身所具备的素养不能满足所开发的技术要求时或骨干成员跳槽离开时,给企业带来了很大的风险,一是资金投入的损失,二是由于半途而废耽误了企业竞争力的提高,错过了发展时机。同样,科研人员也面临风险,如果技术创新中断,一旦被企业解雇,因为他们所掌握的知识、技能和科研成果都是经过多年学习获得的,大多具有专用性质,这使他们很难取得预期的收益。

第三是战略决策风险。企业的创新决策,必须是基于以下考虑:技术引进的代价和自主研发成本的比较、技术创新收益和承担风险的比较、技术创新的费用和收益的比较、技术创新的路线与企业的技术需求比较。如果对这些问题考虑不周,就有可能出现失败,这对企业的发展影响是非常大的。

在厘清创新、技术创新和产业升级等基本概念的基础上,通过对要素禀赋理论、比较优势理论、基于能力的比较优势理论以及价值链升级理论进行综述,对技术创新的动力源进行总结,在借鉴相关研究的基础上,提出了本书依据的基本理论,为分析依靠技术创新推动产业升级存在的问题提供理论依据,为探讨解决问题的途径提供方向。

第二章　东北地区企业创新能力的问题分析

第一节　东北地区企业创新能力的现状

区域创新能力是指一个地区将科技成果进行转化的能力，其核心是促进创新资源的充分利用，其结果是产生新产品、新工艺和新服务。区域创新能力对一个地区的经济发展来说是至关重要的，是区域经济获取竞争优势的决定性因素。企业作为一个创新主体，在区域创新系统中，其创新能力是关键，尤其是大中型企业，集中了我国很多的创新资源。所谓区域中企业的创新能力是指在一定的制度创新基础上，企业创新投入、创新转化与创新产出水平互动的结晶。

关于东北地区的创新能力，刘凤朝等（2004）利用中国科技发展战略研究小组的评价指标——中国区域技术创新能力总指数，对东北地区的创新能力的总体水平进行了评价，其维度主要有五方面，即知识创造能力、知识流动能力、企业技术创新能力、技术创新环境、技术创新的经济绩效等。总的来说,东北地区技术创新能力比全国的平均水平稍高为100.97%。具体来说,得分最高的是知识流动,最差的是创新环境(见表2-1),说明由于东北地区长期受计划经济体制的影响,创新环境已经成为阻碍东北地区振兴的"瓶颈"。

表2-1　东北地区创新能力与全国平均水平的比值

	技术创新总能力	知识创造	知识流动	企业创新能力	创新环境	创新的经济绩效
与全国平均水平的比值(%)	100.97	100.16	117.71	100.92	94.10	102.91

资料来源:刘凤朝、潘雄锋、王元地:《东北老工业基地技术创新能力评价》,《中国科技论坛》2004年第7期。

　　而从东北地区企业创新能力的分析结果来看,辽宁省排名第7名,吉林省排名第23名,黑龙江省排名第20名,如果把企业的技术创新能力进一步分解成R&D投入能力、设计能力、制造和生产能力、创新产出能力,这些指标与全国平均水平的比值分别是135.64%、96.05%、137.48%、91.8%,很显然,差距在于设计能力和创新产出能力,而研发投入能力、制造和生产能力远高于全国平均水平,表明东北地区的国有大中型企业在工业生产中具有举足轻重的作用,但自主创新能力不足。

　　柳卸林等(2015)的进一步研究表明,东北地区创新能力基本呈现持续下降的趋势,见表2-2。从表2-2中可以看到,无论是从实力指标、效率指标,还是从潜力指标的角度进行分析,都呈下降趋势,尤其是潜力指标基本处于最低水平。由此可见,东北地区的区域创新能力还存在很多我们不能忽视的问题,尤其是企业创新能力和创新环境(辽宁省除外)更是弱项。辽宁省的企业创新能力从第 6 名下降到第 20 名,吉林省从第 12 名下降到第 24 名,吉林省的创新环境从第 20 名下降到第 28 名,黑龙江省从第 17 名下降到第 30 名。

表 2-2　东北地区创新能力排名及其变化

	辽宁省	吉林省	黑龙江省
实力指标	从 2011 年的第 8 名下降到 2014 年的第 13 名	从 2011 年的第 16 名下降到 2014 年的第 25 名	从 2009 年的第 17 名下降到 2014 年的第 21 名
效率指标	从 2011 年的第 7 名下降到 2014 年的第 14 名	从 2011 年的第 10 名下降到 2014 年的第 20 名	从 2009 年的第 9 名下降到 2014 年的第 17 名
潜力指标	从 2011 年的第 19 名下降到 2014 年的第 27 名	从 2011 年的第 11 名下降到 2014 年的第 28 名	从 2009 年的第 26 名下降到 2014 年的第 29 名
2014 年企业创新能力	第 20 名	第 24 名	第 21 名
2014 年创新环境	第 12 名	第 28 名	第 30 名

资料来源:柳卸林、高太山:《中国区域创新能力报告 2014——创新驱动与产业转型升级》,知识产权出版社 2015 年版。

上述研究都把区域中企业创新能力当作区域创新能力的一部分进行分析,没有针对企业创新能力进行更深入的分析,其实,企业的创新能力更能代表这个地区的创新能力,因而,对区域中企业创新能力现状的研究,能更真实地找到这一区域核心部分的发展水平,从而找出区域创新能力的差距及其形成原因,为制定相关政策提供依据。本书以大中型企业为例。

创新能力测度研究一直受到学术界的关注,是研究的热点问题之一。其指标体系随着研究视角和立场的不同而不同。宋河发和穆荣平（2009）在强调"自主"问题的基础上，基于自主创新能力的内涵和外延，建立了一套综合评价体系，主要包括自主创新潜力、创新政策与战略能力、创新转化能力和创新实力。宁连举和李萌（2011）的评价指标是针对国有大中型工业企业设计的，评价的范围围绕在技术创新活动的三个方面，主要指技术创新活动投入、开展和产出。陈力田等（2012）所设计指标体系的依据是企业创新能力的内涵，其构成框架包括技术吸收、集成和研发能力，协调要素的能力，组织设计过程中的内部战略协调柔性能力，战略制定和变革过程中的外部战略协调柔性能力，市场营销能力。进一步地，陈力田等（2014）在进行案例研究时，发现企业创新能力重构过程中存在"破坏—增强"二元平衡机理，只有通过创新能力的重构，才能达到战略转型的目的。

　　而关于区域创新能力的评价，柳卸林等的研究比较权威，以年度的形式，连续出版了《中国区域创新能力报告》，他们设计的一级指标包括知识创造、知识获取、企业创新、创新环境和创新绩效，评价指标比较全面、科学。除此之外，很多学者认为区域创新能力表现为一个组织网络，这个网络有区域特色、资源相互关联、能推进创新制度。比如朱海就（2004）认为，区域创新能力由三部分构成，分别是：企业创新能力、创新环境、网络创新能力。邵云飞和谭劲松（2006）是从技术创新能力方面来衡量区域创新能力，认为构成要素为：技术创新潜力、投入能力、产出能力、环境状况。任胜刚和彭建华（2007）设计的综合指标体系既反映了创新主体以及他们之间的联系,又包括创新环境。创新主体有大学、科研机构、企业;创新环境主要指基础设施、金融环境、需求状况、劳动力素质、开放与集聚性等。

总的来说,综观现有大量的测度体系,有的学者提出的指标体系包含了过多的经济社会指标,企业作为创新主体的作用体现得不够;有的学者提出的评价体系比较注重理论,但现实中没有相应的数据与之对应。另外,在测度方法(指标的综合)方面,目前比较常用的有两种方法:一是层次分析法,二是因子分析法,前者存在的问题是权重的确定缺乏客观性;后者虽然反映了客观性,但由于因子分析法是从变量群中提取共性因子,因而,并不能清晰地反映创新能力的各个维度。

本书在上述研究的基础上,围绕创新价值链过程的研究开发活动本身,设计了一个指标体系,包括创新投入能力、创新转化能力、创新产出能力、地区制度创新能力,同时,还考虑了区域性,利于横向比较。在测度方法方面,本书借鉴了胡海波(2010)的熵值法来确定权重,这种方法能充分反映各个指标的信息,还有客观性。本书的创新之处在于,在对指标进行无量纲化处理时,为了使计算结果既可以进行发展趋势分析,又有利于区域间的比较,把指标按不同地区和不同年份分别进行了处理。

一、东北地区企业创新能力的衡量与计算

1. 指标体系的构建

企业的创新能力就是衡量企业能够系统地完成创新过程的

能力,用综合指标来衡量,是由企业创新的投入、转化、产出以及地区制度创新能力组成。

企业技术创新活动的源泉和内在动力来自创新投入,表明企业创新的资源能力,主要有人员投入、经费投入、设备投入以及科研机构情况,是企业创新绩效的显性决定因素。企业创新转化能力是实现技术创新过程的关键环节,是企业根据市场和社会的需求,对技术创新成果进行应用,并最终将科技成果转化为产品的能力。衡量指标用于开展创新活动①时各个环节的经费投入情况。在这个二级指标中之所以加上技术引进消化吸收率,是因为企业的吸收能力对科技成果的转化能力的影响很大,吸收能力一方面决定了企业对科技成果的吸收、掌控、有效利用、提高的程度;另一方面还决定企业内部对技术创新成果开发和利用的广度和深度。

企业创新产出能力反映其通过创新投入、转化,最后取得经济效益的能力。国际上通常使用专利申请数、专利拥有数、新产品产值、新产品销售收入来衡量。关于地区制度创新能力,本书按照 2005 年 11 月 6 日国家统计局国家经济景气监测中心发布的《中国企业自主创新能力分析报告》的指标体系,用政府和金融机构资金支持的能力来衡量。

根据以上分析,本书建立了一个衡量地区企业创新能力的指标体系,见表 2-3。

---

① 企业的创新活动主要是指企业的技术引进、技术改造及技术推广等活动。

表 2-3　区域中企业创新能力的评价指标体系

目标层	一级指标	二级指标	单位
综合创新能力（X）	创新投入能力（X_1）	R&D 人员素质	%
		R&D 人员比重	%
		人均 R&D 经费支出	万元/人
		R&D 投入强度	%
		R&D 设备净值率	%
		科技机构科技活动人员人均活动经费	万元/人
		企业平均拥有科技机构数	个
	创新转化能力（X_2）	技术引进消化吸收率	%
		人均技术改造经费支出	万元/人
		人均购买国内经费支出	万元/人
	创新产出能力（Y）	每万人拥有发明专利数	项/万人
		每万人专利申请数	项/万人
		新产品销售收入比率	%
		新产品产值率	%
	地区制度创新能力（X_3）	科技活动经费筹集额中政府资金比例	%
		技术活动经费筹集额中金融机构贷款比例	%

2. 数据来源

本书所使用的数据大部分来源于 1998—2011 年的《中国科技统计年鉴》，个别缺失的数据是利用平均增长率法计算得到的，检验的样本来源于全国 30 个省份的大中型企业。

3. 数据处理

经费支出存量计算。本书所涉及的 R&D 经费内部支出、科技活动经费内部支出等指标，都是流量指标，本书采用永续存盘

法将其转化成存量指标,即:

$$R_{it} = R_{i(t-1)}(1 - \delta) + K_{it} \qquad (2-1)$$

式中,R 为 R&D 经费内部支出存量或科技活动经费内部支出存量,i 表示地区,t 表示时间,δ 表示经费支出存量在一期中的折旧率,k 则为当期的 R&D 经费内部支出或科技活动经费内部支出。

首先,构造经费内部支出价格指数,由于经费内部支出既包括相关设备购买的支出,也包括相关人员的工资支出,所以经费支出价格指数应是固定资产投资价格指数和消费价格指数的加权算术平均。朱有为和徐康宁(2006)分别设定为 0.75 和 0.25,朱平芳和徐伟民(2003)将其权重分别设定为 0.55 和 0.45。本书对经费内部支出价格指数进行了重新构造,根据《中国科技统计年鉴》对经费内部支出的明细,经计算 1997—2010 年经费内部支出中用于设备仪器和劳务费的支出比例分别为 0.57 和 0.43,因此,我们将经费内部支出价格指数设定为:

$$RP = 0.43 \times LP + 0.57 \times IP \qquad (2-2)$$

式中,RP 表示经费内部支出价格指数,LP 表示消费价格指数,IP 表示固定资产投资价格指数。

其次,运用经费内部支出价格指数对经费内部支出进行平减,并按照 1996 年价格进行折算。关于折旧率,我们采用文献中经常使用的经验设置,取 $\delta = 15\%$。

最后,计算基期经费内部支出的存量。本书参考国内外相关文献中对基期经费内部支出存量的计算方法,采用式(2-3)进行估计:

$$R_0 = K_0/(g + \delta) \qquad\qquad (2-3)$$

式中,R_0 为基期经费内部支出存量,K_0 为基期实际经费内部支出,g 为 1997—2010 年经费支出的平均增长率。

(1)消除价格因素的影响。本书的新产品销售收入比率以及新产品产值率的计算均涉及销售收入、新产品销售收入和新产品产值指标。统计年鉴中的这些数据均是以当年价格计算的名义值,包含了价格变动的影响,为了消除价格因素的影响,本书用工业品出厂价格指数进行平减处理,统一折算成 1996 年不变价格。

技术引进消化吸收率等于消化吸收经费和技术引进经费之比。本书运用固定资产投资价格指数将技术改造经费、购买国内技术经费、消化吸收经费和技术引进经费平减为 1996 年的不变价格。

(2)地区权重的计算。本书利用熵值法对不同地区各个指标的权重进行赋值。熵值法的赋值步骤为:

设 x_{tj}(t 为时间,$t = 1,2,\cdots,n$;j 为指标个数,$j = 1,2,\cdots,m$)为第 i 年的第 j 项指标的观测数据。

第一,计算每一个指标下每一年的特征比重:

$$f_{tj} = x_{tj}/\sum_{t=1}^{n} x_{tj} \, 。$$

第二,计算每一个指标的熵值:$e_j = -k\sum_{t=1}^{n} f_{tj}\ln(f_{tj})$,这里 $k = \dfrac{1}{\ln n}$。

第三,计算每一个指标的差异性系数:$g_j = 1 - e_j$,g_j 越大,说明该指标在各年的差异程度越大。

第四,计算权数: $w_j = g_j / \sum_{j=1}^{m} g_j , j = 1, 2, \cdots, m$。

4. 无量纲化处理

无量纲化处理是为了消除指标之间具有的不可对比性。本书采用极差变换法对原始数据进行处理,由于所选取指标的数值全部为正值,所以本书采用正向指标的处理方法,具体来讲:一是当比较不同地区大中型工业企业的创新能力时,无量纲公式是:

$$z_{ij} = \frac{x_{ij} - \min x_{ij}}{\max x_{ij} - \min x_{ij}}$$,这里 i 表示地区;二是当比较不同年份大中型工业企业的创新能力时,无量纲化公式是:

$$z_{tj}^{*} = \frac{x_{tj} - \min x_{tj}}{\max x_{tj} - \min x_{tj}}$$。

5. 企业创新能力的计算方法

本书采用加权算术平均,计算地区大中型工业企业的投入、转化、产出能力以及地区的制度创新能力。具体如下:

(1) 计算每一年各地区或省份的企业创新能力时的方法

$$x_1 = \sum_{j=1}^{7} z_j \times w_j , \quad x_2 = \sum_{j=8}^{10} z_j \times w_j , \quad y = \sum_{j=11}^{14} z_j \times w_j ,$$

$$x_3 = \sum_{j=15}^{16} z_j \times w_j \tag{2-4}$$

$$x = (x_1 + x_2 + y) \times x_3 \tag{2-5}$$

(2) 计算每一地区不同年份的企业创新能力时的方法

$$x_1 = \sum_{j=1}^{7} z_j^{*} \times w_j , \quad x_2 = \sum_{j=8}^{10} z_j^{*} \times w_j , \quad y = \sum_{j=11}^{14} z_j^{*} \times w_j ,$$

$$x_3 = \sum_{j=15}^{16} z_j^* \times w_j \qquad\qquad (2-6)$$

$$x = (x_1 + x_2 + y) \times x_3 \qquad\qquad (2-7)$$

二、东北地区企业创新能力的现状与比较分析

本部分的分析数据是根据每一年各地区或省份创新能力的计算方法得到的,通过分析企业创新能力的各维度在八大综合经济区的排名(见表2-4—表2-8),找出东北地区企业创新能力的发展水平以及差距。综合经济区的划分是按照国务院发展研究中心发表的报告,分别是:北部沿海综合经济区(北京、河北、天津、山东)、南部沿海经济区(广东、福建、海南)、东部沿海综合经济区(上海、浙江、江苏)、黄河中游综合经济区(陕西、河南、山西、内蒙古)、长江中游综合经济区(湖北、江西、湖南、安徽)、大西南综合经济区(云南、重庆、四川、贵州、广西)、东北综合经济区(辽宁、黑龙江、吉林)、大西北综合经济区(甘肃、西藏、宁夏、青海、新疆)。

1. 东北地区企业创新投入能力的现状与比较分析

企业创新投入能力最高的地区是东部沿海综合经济区(见表2-4),从1997—2010年,始终排在第一;其次是北部沿海综合经济区,由最初的第三、第四位,上升到第二位,而且保持至今;东北地区的创新投入能力在1997年排在第六位,在2009年、2010年上升到第四位,由中下游上升到中游水平,说明东北地区非常重视创新投入能力的培养,使创新投入能力得到了迅速发展;黄河中游综合经济区和大西北综合经济区交替着排在最后。

表 2-4　1997—2010 年八大综合经济区企业创新投入能力排名的变化趋势

年份	1997	1998	1999	2000	2001	2002	2003	2004	2005	2006	2007	2008	2009	2010
北部沿海综合经济区	3	3	4	3	3	2	2	2	2	2	2	2	2	2
东部沿海综合经济区	1	1	1	1	1	1	1	1	1	1	1	1	1	1
南部沿海经济区	2	2	2	2	2	3	4	4	6	5	6	6	6	6
黄河中游综合经济区	8	8	8	8	8	7	7	7	8	7	7	7	7	7
长江中游综合经济区	4	4	3	4	4	4	3	3	3	3	3	3	3	3
大西南综合经济区	5	5	5	5	6	5	5	6	4	4	4	4	5	5
大西北综合经济区	7	7	7	6	5	8	8	8	7	8	8	8	8	8
东北综合经济区	6	7	7	7	7	6	6	5	5	6	5	5	4	4

资料来源:根据上述指标计算得出。

2. 东北地区企业创新转化能力的现状与比较分析

东部沿海综合经济区、北部沿海综合经济区企业的创新转化能力发展得不尽如人意(见表 2-5),排名始终不靠前,在 2010 年,分别位于第六、第七位,而大西北综合经济区在 2009 年、2010 年排在第一;东北地区企业创新转化能力的发展,总的来说,发展态势较好,1997 年处于第七名,2008 年上升到第一名,虽然没能保持住,2009 年为第四名,但 2010 年又回到第三名,处于中上游水平,说明东北地区注重科技与经济的有效结合,加大了转化能力的培养。

表 2-5　1997—2010 年八大综合经济区企业创新转化能力排名的变化趋势

年份	1997	1998	1999	2000	2001	2002	2003	2004	2005	2006	2007	2008	2009	2010
北部沿海综合经济区	8	7	8	8	2	3	8	8	5	5	7	7	7	7
东部沿海综合经济区	6	4	2	2	6	4	2	6	6	3	6	6	6	6
南部沿海经济区	3	5	1	1	3	1	1	3	3	8	8	8	8	8
黄河中游综合经济区	4	3	3	3	7	5	3	5	8	4	5	3	2	2
长江中游综合经济区	5	6	4	7	4	6	5	2	2	1	2	2	3	4
大西南综合经济区	2	2	5	6	5	7	4	1	1	2	3	4	5	5
大西北综合经济区	1	8	7	5	1	2	7	4	7	6	1	5	1	1
东北综合经济区	7	8	7	4	8	8	6	7	4	7	4	1	4	3

资料来源:根据上述指标计算得出。

3.东北地区企业创新产出能力的现状与比较分析

表 2-6 显示,东部沿海综合经济区和南部沿海经济区的创新产出能力在八大综合经济区中,交替排在第一、第二位,近几年,东部沿海综合经济区名列榜首;排在最后的是黄河中游综合经济区,东北地区企业创新产出能力较弱,大部分年份位于第六位,对比东北地区的创新投入能力,说明创新投入并没有完全转化为产出,存在诸多问题,有待进一步挖掘。

表2-6 1997—2010年八大综合经济区企业创新产出能力排名的变化趋势

年份	1997	1998	1999	2000	2001	2002	2003	2004	2005	2006	2007	2008	2009	2010
北部沿海综合经济区	3	4	3	3	3	3	4	3	3	3	3	3	4	4
东部沿海综合经济区	2	2	2	2	2	2	1	1	2	1	1	1	1	1
南部沿海经济区	1	1	1	1	1	1	2	2	1	2	2	2	2	2
黄河中游综合经济区	8	8	8	8	8	8	8	8	8	8	7	8	7	8
长江中游综合经济区	4	6	5	5	4	4	5	5	5	5	5	4	3	3
大西南综合经济区	5	3	4	4	5	5	3	4	4	4	4	5	5	5
大西北综合经济区	7	5	6	7	6	7	7	6	7	6	8	7	8	7
东北综合经济区	6	5	6	6	7	6	6	7	6	7	6	6	6	6

资料来源:根据上述指标计算得出。

4. 东北地区制度创新能力的现状与比较分析

制度创新最完善的地区是黄河中游综合经济区(见表2-7),其次是南部沿海经济区,出人意料的是东部沿海综合经济区,制度建设较缺乏,始终排在后面,东北地区的制度创新能力水平也较低,除2006年位于第四名外,一般都位于第六位或第七位,排名较靠后。众所周知,制度创新对地区创新能力的提高是至关重要的,我们可以初步认为,制度问题是关键,影响着创新产出和综合创新能力的提高。

表2-7　1997—2010年八大综合经济区制度创新能力排名的变化趋势

年份	1997	1998	1999	2000	2001	2002	2003	2004	2005	2006	2007	2008	2009	2010
北部沿海综合经济区	4	1	1	3	3	2	5	4	4	5	5	4	4	4
东部沿海综合经济区	8	7	8	8	8	8	8	8	8	6	7	6	7	7
南部沿海经济区	4	4	3	4	4	1	2	2	6	7	4	2	2	2
黄河中游综合经济区	1	2	2	1	2	3	4	1	1	1	2	1	1	1
长江中游综合经济区	5	3	6	5	5	6	1	5	3	3	1	5	5	5
大西南综合经济区	2	5	4	2	1	4	3	6	2	2	3	3	3	3
大西北综合经济区	7	6	5	6	7	7	6	3	5	8	8	8	8	8
东北综合经济区	6	6	5	7	6	5	7	7	7	4	6	7	6	6

资料来源:根据上述指标计算得出。

5. 东北地区企业综合创新能力的现状与比较分析

综合创新能力是上述创新能力的综合反映,虽然东北地区创新能力的个别维度较靠前,但综合来看,却非常落后(见表2-8),除2006年外,大部分年份排第七或第八位,由后面的分析中我们可以看到(见表2-9),虽然各指标的增长速度名列前茅,但目前的综合创新能力还是非常落后的。发展特征较典型的是黄河中游综合经济区,尽管其他能力较落后,但却由于良好的创新制度,使它的综合创新能力在2010年跃至八大综合经济区的第二位。这给东北地区的发展提供了经验借鉴,提高企业创新能力的关键在于制度创新。

表2-8　1997—2010年八大综合经济区企业综合创新能力排名的变化趋势

年份	1997	1998	1999	2000	2001	2002	2003	2004	2005	2006	2007	2008	2009	2010
北部沿海综合经济区	3	2	2	2	3	2	4	4	3	4	4	2	4	1
东部沿海综合经济区	6	6	5	5	6	5	6	7	6	5	5	4	5	4
南部沿海经济区	1	1	1	1	2	1	1	1	4	7	3	3	3	5
黄河中游综合经济区	4	4	4	3	4	6	5	3	5	3	6	6	1	2
长江中游综合经济区	5	3	6	6	5	3	2	2	2	2	1	1	2	3
大西南综合经济区	2	5	3	4	1	4	3	6	1	1	2	5	6	6
大西北综合经济区	8	7	7	7	7	8	8	5	7	8	8	8	7	8
东北综合经济区	7	7	7	8	8	7	7	8	8	6	7	7	8	7

资料来源:根据上述指标计算得出。

三、东北地区企业创新能力的发展趋势与比较分析

本部分分析数据是根据每一地区不同年份企业创新能力的计算方法得到的,通过对创新能力各维度发展趋势的分析与比较,找出东北地区创新能力的发展特征及注重培养的方面。

1. 东北地区企业创新投入能力的发展趋势及其比较分析

从表2-9中我们可以看到,企业创新投入能力平均增长速度

最快的地区是东北地区,为 31.7%,其发展趋势也一直呈上升趋势(2006 年除外,见图 2-1),表明东北地区的企业认识到了创新的重要性,注重企业创新能力的培养,充分发挥国有企业的作用,不断加大创新投入。增速排在第二位的是东部沿海综合经济区,为 30.23%,最慢的是长江中游综合经济区,仅为 8.76%。

表 2-9　1997—2010 年八大综合经济区企业创新指标年均增长速度

(单位:%)

创新指标	企业创新投入能力	企业创新转化能力	制度创新能力	企业创新产出能力	企业创新综合能力
北部沿海综合经济区	28.42	28.35	−16.41	127.89	12.23
东部沿海综合经济区	30.23	20.94	−15.87	39.55	15.62
南部沿海经济区	14.33	3.61	−23.67	24.99	−12.14
黄河中游综合经济区	9.55	26.12	−24.08	40.99	−8.92
长江中游综合经济区	8.76	29.38	−22.32	50.80	−7.77
大西南综合经济区	22.80	12.75	−17.05	36.27	−0.41
大西北综合经济区	17.75	22.26	−16.80	25.38	1.68
东北综合经济区	31.70	32.31	−13.59	64.29	17.28

资料来源:根据上述指标计算得出。

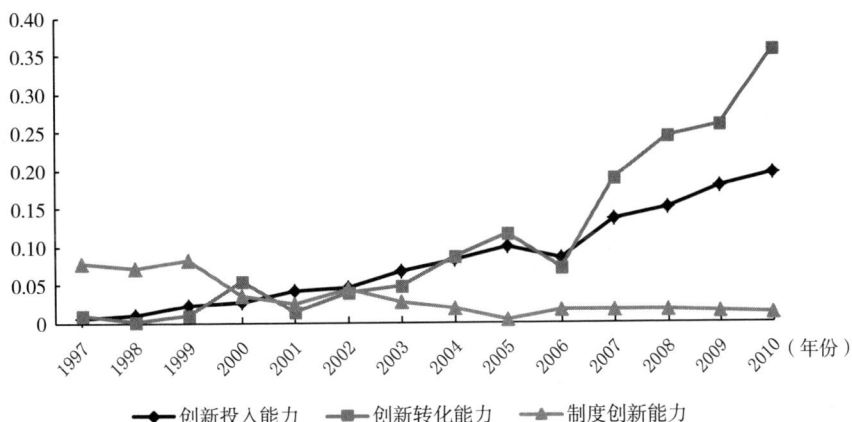

图 2-1　东北地区创新投入、创新转化和制度创新能力趋势

资料来源:根据上述指标计算得出。

2. 东北地区企业创新转化能力的发展趋势及其比较分析

东北地区企业创新转化能力（见表2-9），在八大综合经济区中名列第一，为32.31%，其次为长江中游综合经济区，为29.38%，增速最慢的是南部沿海经济区，仅为3.61%。不仅如此，与其他指标相比，仅次于企业创新产出能力。另外，从图2-1中可以看到，在1997—2010年，增长态势一直很强劲。这是因为东北地区的大中型企业充分认识到了创新转化能力的重要性，不断加大科技成果转化经费投入的结果。

3. 东北地区制度创新能力的发展趋势及其比较分析

从表2-9中可以看到，所有综合经济区制度创新能力的平均增长速度都为负，说明我国的创新制度建设存在很大的问题，制度建设最不完善的地区是黄河中游综合经济区，南部沿海经济区和长江中游综合经济区也不相上下。东北地区与其他综合经济区相比，下降速度最慢，年均为13.59%，但由于东北地区的基础比较薄弱，而且呈单线下降趋势（见图2-1），还是制约了企业综合创新能力的提高，并成为影响综合创新能力提升的主要因素。

4. 东北地区企业创新产出能力的发展趋势及其比较分析

企业创新产出能力（见表2-9）平均增长速度最高的地区是北部沿海综合经济区，为127.89%，东北地区名列第二，但差距较大，仅为64.29%，平均增长速度最慢的地区为南部沿海经济区，为24.99%，大西北综合经济区与之不相上下，为

25.38%,这是唯一一个不位于第一的指标。东北地区企业创新产出能力在 1997—2010 年(见图 2-2)基本呈现上升趋势(除 2006 年外),这说明,由于东北地区注重创新投入和转化能力的培养,即使创新环境没有得到很好的改善,仍然促进了创新产出的增长。

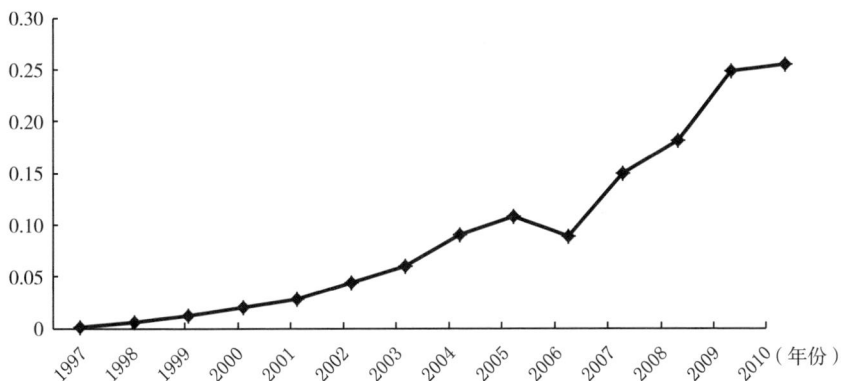

图 2-2　东北地区创新产出能力趋势

资料来源:根据上述指标计算得出。

5. 东北地区企业综合创新能力的发展趋势及其比较分析

综合创新能力反映企业创新的综合实力,是企业创新投入、转化、产出及制度创新能力相互配合、相互作用所形成的一种核心优势。从表 2-9 中可以看到,东北地区企业综合创新能力的年平均增长速度位于第一,为 17.28%,略高于东部的 15.62%,在八大综合经济区中,有四个综合经济区的年平均增长速度为负,分别是:大西南综合经济区(-0.41%)、长江中游综合经济区(-7.77%)、黄河中游综合经济区(-8.92%)、南部沿海经济区(-12.14%),呈下降趋势。而在 1997—2010 年,东北地区企业综合创新能力的发展也不是一帆风顺的(见图 2-3),在 2005 年之前,呈现波动增长,2005 年,触礁到了历史新低,可能是制度创新因素的影响,2005 年之后,进入了高速增长时期,获得了稳定发展。

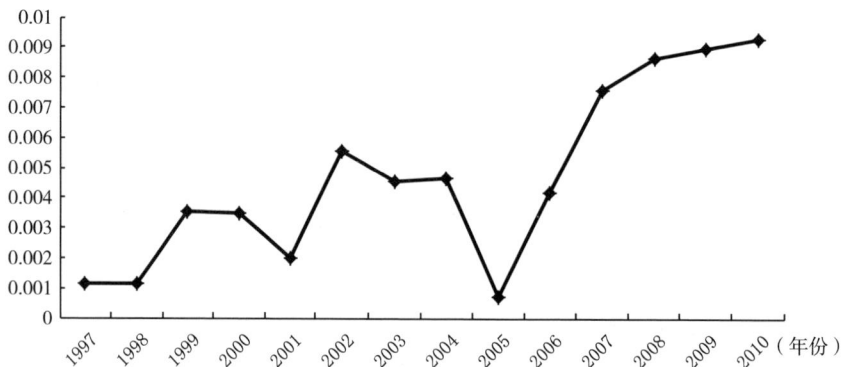

图 2-3　东北地区综合创新能力趋势

资料来源:根据上述指标计算得出。

上述我们对东北地区企业创新能力各个维度发展现状、发展趋势做了详细的分析,但是我们还需要了解影响创新产出的因素有哪些?影响程度如何?

其实,影响区域中企业创新能力的因素不仅与创新投入有关,通常也与区域中的特定因素紧密相关,这样,在不同的区域,影响创新能力的各因素发挥作用的程度也就不同,因此,需要通过实证分析,找到东北地区创新能力演变的机理,为东北地区寻找解决企业创新能力问题的路径和制定政策提供依据。

第二节 影响东北地区企业创新
产出的因素分析

国内学者对此问题研究的较多,张宗和和彭其昌(2009)利用面板数据,运用改进的格瑞里茨和杰菲的知识生产函数模型,对影响创新能力的因素进行了实证分析,得出结论为:一是R&D 在创新主体的配置等方面的作用不可忽视;二是区域技术创新二次产出存在多样化差异;三是制度性因素与创新绩效之间存在相关性。魏守华等(2010)利用面板数据检验影响区域创新能力的因素,主要有:创新基础条件——R&D 活动规模、区域创新效率,而影响区域创新效率的因素有产业集群环境、产学研联系的质量、对区域外技术溢出的吸收能力,这些是区域特定的因素。孙玉涛等(2013)的研究样本是战略性新兴产业上市公司,涉及 68 个城市 212 家,运用负二项回归模型,结果表明:经济发展水平、FDI 水平、地理位置和科教政策强度等是影响企业技术创新能力的主要区域因素。陈春明(2013)的研究从创新经费筹集及投入和活动运行两方面出发,实证结果表明:经费筹集与经费支出的分配比例不同对产出绩效有着很大影响。

一、模型设定

企业的科技活动,一方面依赖于企业自身的 R&D 投入,包括人员、经费和设备;另一方面还可以通过购买和引进先进技术,经过技术改造或转化,达到提高企业技术创新能力的目的。

如上所述,一个地区的制度创新状况对企业的创新能力的影响是非常大的,鉴于此,本书构建创新生产函数见(2-8)式:

$$y = f(X_1^*, X_1^{**}, X_2, X_3) \tag{2-8}$$

(2-8)式中的指标都是综合指标,其中,y 为企业创新产出,X_1^* 为企业 R&D 人员投入,X_1^{**} 为企业 R&D 经费和设备投入,X_2 为企业创新转化经费投入,X_3 为制度创新。

本书在构造模型时,将滞后一期的被解释变量加入到模型中,是为了怕遗漏其他重要的解释变量而使模型估计有偏,采用动态的 panel data 进行估计是非常适合的,这样(2-8)式变为:

$$\ln Y_{it} = \alpha_0 + \beta_0 \ln Y_{i,t-1} + \beta_1 \sum_{t=0}^{1} \ln X_{1t}^* + \beta_1' \sum_{t=0}^{1} \ln X_{1t}^{**} +$$

$$\beta_2 \sum_{t=0}^{1} \ln X_{2t} + \beta_3 \sum_{t=0}^{1} \ln X_{3t} + \mu_i + \upsilon_t + \varepsilon_{it} \tag{2-9}$$

(2-9)式中,下标 i 代表行业,t 代表年份,α_0 为截距项,μ 为不随时间变化的个体固定效应,ν 为仅随时间变化的时间效应,ε 为随机扰动项。

二、方法选择

由于在模型(2-9)中包含有依变量的滞后一阶项,因而不能保证它与随机扰动项无关,有可能导致回归元的严格外生性假设不再成立,在这种情况下,如果还用一般的方法进行估计,必然会产生参数估计的非一致性问题,为此,阿雷利亚诺和邦德(Arellano 和 Bond,1991)、阿雷利亚诺和博韦尔(Arellano 和 Bover,1995)、布伦德尔和邦(Blundell 和 Bond,1998)提出了广义矩(GMM)估计方法,其目的在于通过差分或者使用工具变量来控制未观察到的个体和时间效应,同时使用被解释变量和滞后的解释变量作为工具变量以克服内生性问题。

广义矩（GMM）参数估计的一致性取决于工具变量的可靠性和误差项无自相关假设的有效性，对此，本书采用两项检验：第一项为检验过度识别限制的 Sargan 检验，将检验工具变量的有效性；第二项为检验误差项不存在序列相关假设的有效性，将检验误差项是否存在二阶序列相关。如果这两个检验的原假设都被接受，则模型得到支持。

三、结果分析

本书运用 Stata12.0 软件，对模型运用两种估计方法，分别是差分 GMM（difference-GMM）和系统 GMM（system-GMM），估计结果见表 2-10 和表 2-11。从表 2-10 和表 2-11 中可以看出，Sargan 检验的 P 值均在 0.1 以上，接受原假设，说明模型内过度识别约束有效以及工具变量的选取是有效的。二阶序列相关 [AR(2)] 的结果表明，接受原假设，误差项不存在二阶序列相关。说明这些系列动态面板数据模型在统计上具有有效性和一致性。结果分析如表 2-10、表 2-11 所示。

表 2-10　东北地区动态面板差分 GMM 估计结果

解释变量	模型 1.1	模型 1.2	模型 1.3	模型 1.4	模型 1.5	模型 1.6	模型 1.7
$Y(-1)$	0.156*** (2.63)	0.35 (1.59)	0.435**** (3.68)	0.369** (2.35)	0.223**** (3.78)	0.134* (1.66)	0.23**** (6.06)
X_1^*	0.534**** (6.22)				0.435**** (3.89)	0.346*** (2.7)	0.422**** (4.43)
X_1^{***}		0.232 (0.73)					
X_2			0.306**** (3.76)		0.219*** (2.88)	0.195** (2.07)	0.22*** (2.82)

续表

解释变量	模型 1.1	模型 1.2	模型 1.3	模型 1.4	模型 1.5	模型 1.6	模型 1.7
X_3				-0.115^{***} (-2.76)		-0.147^{**} (-2.01)	
$X_1^{**}X_3$ (-1)							0.16^{**} (1.96)
AR(2)	-1.27 $[0.203]$	-1.14 $[0.253]$	-0.69 $[0.492]$	-1.45 $[0.147]$	-0.96 $[0.353]$	-1.28 $[0.202]$	-0.91 $[0.361]$
Sargan 检验	40.75 $[0.198]$	39.32 $[0.244]$	36.87 $[0.338]$	38.46 $[0.275]$	36.64 $[0.262]$	36.07 $[0.206]$	36.59 $[0.361]$

注:(1)系数下面圆括号内的数值为该系数的 z 值, $*$、$**$、$***$、$****$ 分别代表参数值在 10%、5%、1%、0.1% 水平上显著。(2)各检验统计量下面方括号内的数值为该检验统计量的 p 值。

表 2-11　东北地区动态面板系统 GMM 估计结果

解释变量	模型 2.1	模型 2.2	模型 2.3	模型 2.4	模型 2.5	模型 2.6
$Y(-1)$	0.517^{****} (3.98)	0.614^{****} (5.55)	0.707^{****} (18.42)	0.814^{****} (11.97)	0.456^{****} (3.59)	0.513^{****} (4.19)
X_1^{*}	0.312^{****} (3.23)				0.254^{***} (2.99)	0.203^{**} (2.37)
X_1^{**}		0.412^{***} (2.77)			0.168^{****} (6.16)	
X_2			0.294^{****} (4.79)			0.181^{**} (2.27)
X_3				0.149^{**} (2.31)		
AR(2)	-1.09 $[0.274]$	-1.21 $[0.244]$	-0.66 $[0.51]$	-0.63 $[0.530]$	-0.19 $[0.235]$	-0.81 $[0.420]$
Sargan 检验	31.08 $[0.658]$	29.61 $[0.726]$	34.5 $[0.587]$	29.98 $[0.709]$	39.23 $[0.327]$	34.29 $[0.502]$

注:(1)系数下面圆括号内的数值为该系数的 z 值, $*$、$**$、$***$、$****$ 分别代表参数值在 10%、5%、1%、0.1% 水平上显著。(2)各检验统计量下面方括号内的数值为该检验统计量的 p 值。

1. 依变量滞后一阶项的结果分析

在模型 1.1—模型 2.6(见表 2-10 和表 2-11)中,除模型

1.2 之外,创新产出的滞后项(Y_{t-1})在分别为 10%、5%、1%、0.1%的水平上都通过了检验,而且都呈正向影响,结果表明,东北地区企业的创新产出能力的累积效应较明显,进入了良性循环状态。

2. 单因素动态面板数据模型分析

表 2-10 中的模型 1.1—模型 1.4 和表 2-11 中的模型 2.1—模型 2.4,是分别建立的单因素动态面板数据模型,是假设不存在其他创新因素的影响,除模型 1.2 外,其他模型在 5%、1% 和 0.1% 的水平上都通过了检验,而且系数都为正(模型 1.4 中的制度因素除外)。这说明,创新转化能力和企业创新人员投入对企业创新产出的独立促进作用非常稳健,发挥了东北地区产业和人才优势;企业创新经费和设备投入能力的影响缺乏稳定性,有时不存在对企业创新产出的影响;而制度创新能力对企业创新产出的影响,虽然有作用,但在方向上并不稳定,有时起到推动作用,有时起到阻碍作用,说明东北地区的一些深层次的体制机制矛盾对创新的影响还是很大的。

3. 多元回归分析结果分析

多元回归分析结果见表 2-10 中的模型 1.5—模型 1.7,表 2-11 中的模型 2.5—模型 2.6,其结果表明:第一,如果以内生增长模型作为检验的模型,企业创新人员投入和创新经费及设备投入在系统 GMM 估计中通过了检验,详见模型 2.5,说明两者对创新产出都有积极作用,企业可以进行自主开发和研究。进一步的研究见模型 1.5 和模型 2.6,在企业创新人员的支撑下,即使企业不进行自主创新经费投入,而是把经费投入到培养转化能力方面,仍然会对企业创新产出产生积极的影响。说明东北地区的企业具有一定的潜质,依靠内生发展能推动经济向中高端水平迈进。第二,考察制度创新对创新产出的影响是本书关注的重点,通过研究发现(见模型1.7的交互项),制度建设与企业的创新经费和设备投入相配合是对创新产出产生影响的机理,但存在滞后性。如果缺乏创新经费的投入,而只是投入人力,制度对企业创新产出产生阻碍作用(见模型1.6)。这一结果很说明问题,东北地区仅有制度建设是不可行的,原因在于,东北地区国有企业所占比例较高,不是依靠竞争优势获取生产要素,而是凭借行政权力获得超额利润,导致企业缺乏创新的动力,所以必须尽最大努力推动企业成为创新主体。

四、结论及政策含义

国家实施振兴东北老工业基地战略以来,东北地区低端重型化的路径依赖依然没有改变,东北地区的问题不是资源与禀赋问题,也不是经济增长问题,因为东北地区有良好的工业基础和装备条件,也有大量的技术工人,问题的关键在于创新能力,因此创新问题引起了极大的关注。只有促进技术、产品的创新,从传统工业化模式转向新型工业化模式,才能破解东北地区发展的难题。本书通过建立一套评价指标体系,对东北地区大中型企业创新能力进行评价,找出创新能力存在的问题;通过对影响创新产出的因素进行定量和定性分析,得出以下结论:

第一,从创新能力各个维度的发展现状来看,在1997—2010年,在八大综合区中排名都很靠后,最为突出的是制度创新能力,只有创新转化能力在个别年份排名较靠前。说明东北地区企业的创新能力确实令人担忧,一旦外部环境出现不利变化,东北地区经济增长必然陷入快速下行的境地。

第二,在1997—2010年,虽然东北地区创新能力发展落后,但平均增长速度基本上是最快的,比较突出的是创新产出和综合创新能力,这种高速增长,说明东北地区已经认识到了创新方面的不足,开始加大投入,但是,制度建设是滞后的,与其他因素之间还没有达到相辅相成、相互配合的程度。

第三,实证分析得出三个结论:首先,东北地区创新产出能力虽然较落后,但经过多年的发展,累积效应是明显的,说明创新系统进入了良性循环阶段。其次,单因素的实证分析结果表明,R&D人员投入无论是在差分GMM估计,还是在系统GMM估计中,对创新产出的影响都是正向的,科技成果转化经费的投入也是如此;而企业R&D经费和设备投入的影响不稳定,有时不通过检验;制度因素虽然都通过了检验,但方向不稳定。说明东北地区虽然具备了一定的产业创新基础,但支撑力度不够。最后,从多元回归分析的结果来看,创新人才在东北地区创新中起的作用非常重要,只要有经费投入相配合,无论是哪个环节的经费投入,都会对创新产生影响;一个地区光有制度建设是不够的,只有存在以企业为主体的创新体系,才会达到预期的创新目标。

第四,对于企业创新能力存在的问题,本书认为主要在于:企业家精神缺失使企业缺乏技术创新的根本动力、引进外资没有使企业的技术能力得到有效提升、要素市场机制不健全阻碍企业成为创新主体、科技体制改革还没有完善缺乏企业参与创新的吸引力。

上述研究的政策含义是：首先，对东北地区而言，制度建设是非常重要的，目前，企业创新能力正处于良好的发展时期，如果能制定有效的政策，再配合以金融机构的支持，一定能促进东北地区创新能力的提升。同时，在各个层次上，努力营造企业家精神的氛围；通过科技体制改革，推动企业成为创新主体。其次，由于东北地区的地域特点，造成了人才的大量流失，所以，人才政策是关键。最后，鉴于东北地区科技成果转化经费投入的影响是非常显著的这一结果，地方政府应加大转化能力的培养，完善公共服务平台体系，同时，企业也应根据实际情况，改变创新模式，充分考虑技术集成式创新，以缩短开发周期。

第三节　东北地区企业创新能力问题的原因分析

东北地区企业创新能力存在问题，既有外部原因，也有内部因素的影响，使企业缺乏创新的动力，没有成为创新主体。

一、企业家精神缺失使企业缺乏技术创新的根本动力

目前关于企业家精神的定义有很多种，张艳（2004）认为，企业家精神包括创新、竞争和社会责任感。时鹏程和许磊（2006）认为，当把企业家精神作为一种社会现象时分为三个阶段：企业家个体、组织和社会。个体层面的企业家精神就是指熊彼特意义上的创新精神，组织层面的企业家精神关注于对企业

可持续发展的贡献和作用。最早的研究是墨瑞克·绍伊莫希（Emeric Solymossy，1998），他认为组织层面的企业家精神主要表现为企业的竞争态度、战略取向、信息交流网络和技术。而组织层面研发实验室的出现，代表了组织层面的企业家精神的渗透，因为这时的决策主体应该是高管团队和研发团队（李宇等，2013）。但是，如果只有个体层面和组织层面的企业家精神是不足以影响到产业边界的（张书军等，2007），难以使产业升级，必须上升到社会高度，社会企业家精神以敬业、奉献为主要特质，具有很强的社会责任感。正如狄兹（J.Gregory Dees）认为的那样，认知和永无止境地追求新机会，从而不仅获得利润，更是创造社会效益；持续创新和适应性调整；能突破现有资源的限制而勇敢采取相应行动。只有这样才能最大限度地激发整个社会的创新、创业热情，进而使企业家精神成为推动社会经济增长的动力（时鹏程等，2006）。

但是，中国却缺少孕育企业家精神的土壤。首先，从个体层面上看，在传统中国社会，"学而优则仕"是通向成功之路，商人则为"四民（士、农、工、商）"之末，商业活动和商人的社会地位低下，使中国的优秀人才从来都不是流向商业，这种观念至今仍产生深刻的影响。在当代，20世纪50年代的社会主义改造中，由计划经济体制所决定，国家通过对国有企业下达各种指标来实行计划经济管理。在这种体制下，企业家无法通过经营上的成功来实现私人王国的梦想，同时，企业家的付出无法通过获得利润来补偿，因此，企业家的才能没有得到培养和激发。改革开放（1978）以后，随着市场经济体制改革的逐步推进，为企业家精神的释放和企业家才能的发挥创造了环境，创新意识有所提高,但由于计划经济体制影响所形成的认知锁定效应,使企业家的创新精神仍然不足,缺乏冒险和开拓精神。

同时,在教育方法上,我国缺少专注于企业家创新精神的培养。在基础教育方面,大搞应试教育,使孩子们缺乏创造性;而在企业家培训方面,比如 MBA(工商管理硕士),基本变成了学历教育,缺乏实践教学和创新意识的培养。可见,创新精神从何而来?

在组织层面上,能反映企业家精神的研发机构也是不足的。开展研发活动的组织机构是集聚创新资源的重要载体和重要平台,在这个平台上,可以从事重大科技成果工程化与产业化、聚集和培养创新人才、进行交流和合作。在发达国家,企业都有自己的研发机构,美国的企业拥有的科研机构分为四种类型:独立的研究所,企业的中央实验室或研究开发部,政府委托企业的合同研究中心,企业之间的联合研究机构;日本企业的科研机构,几乎占到全国的 80% 以上,说明大部分都在企业,而且研究开发新产品和新技术的体系较完整,主要有三级:分别为从事 10年以后,3—5 年以后,3 年之内。而在我国,企业缺乏开展研发活动的热情,只是通过引进技术和生产设备、利用巨大的市场潜力,创造赢利的机会。据统计,2016 年,我国规模以上工业企业中设立研发机构的只有 6.18 万家,只占全部规模以上企业的16.31%,东部地区企业的比例稍高一些,占 21.79%,而东北地区,一直处于最低水平(见图 2-4),一直在 3% 左右。中部和西部也大多在 10% 以下,并且缺少企业间的技术联盟,再加上产学研联盟不紧密,所以企业缺乏支撑研发活动的组织机构。

在社会层面上,从我国近年发生的富士康多名员工跳楼事

（单位：%）

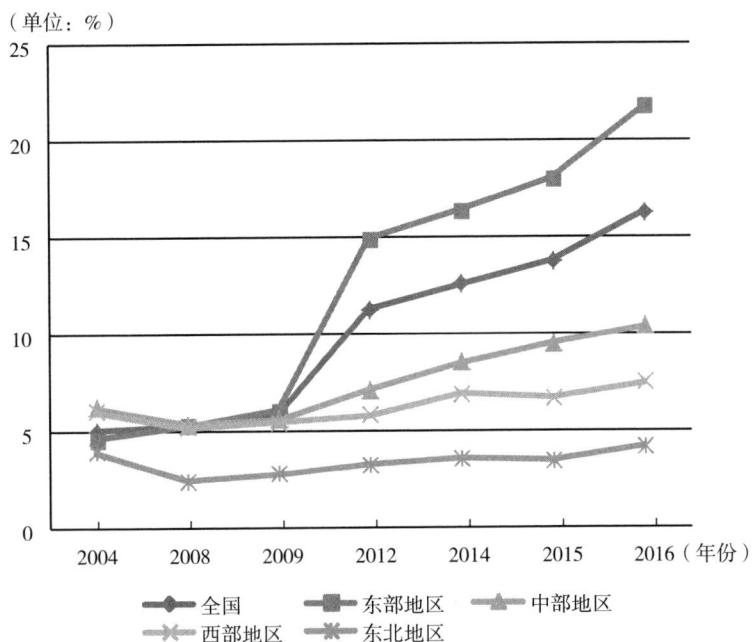

图 2-4　2004—2013 年规模以上企业有研发机构的企业数所占比例

资料来源：2005—2014 年《中国科技统计年鉴》，中国统计出版社。

件、郑州家乐福过期食品销售事件、三聚氰胺奶粉事件等可以看出，我国企业家的社会责任感是极其缺乏的。另外，从个体和企业这两个层面的企业家精神缺失的情况来看，也必然导致整个社会的企业家精神的缺失。

二、引进外资没有使企业的技术能力得到有效提升

按照比较优势理论，通过政府干预，引进稀缺的要素，例如引进外资，一方面可以改变要素禀赋结构，另一方面利用技术溢出，消化吸收再创新，形成技术能力，改变要素的贡献率，最终实现技术创新。

目前，我国技术引进的主要方式之一就是 FDI，众多的实证

分析结果表明,FDI 的技术溢出效应是存在的(许和连等,2007),但在实地调查中,多数认为不存在溢出效应(朱华桂等,2003)。退一步讲,即使存在溢出效应,那么一定会使技术能力提升吗? 魏(Wie,2005)的研究表明,引进 FDI,可以使生产能力得到培育,但却不利于创新能力的形成。宋宝香等(2011)的实证结果表明,技术引进没有有效促进技术能力的提升,但对生产能力的提升产生了影响,而企业的技术战略和学习文化却能有效提升企业的创新能力。

很显然,技术能力引起了人们的重视,它是企业竞争的最重要资源。对于技术能力的考察可以从两方面进行,如果从能力基础观来考察,技术能力就是整合所拥有的知识和技能,从而完成技术活动的能力。如果从资源基础观来认识技术能力,则强调如何根据不同资源的特性,通过制定相应的技术战略,使企业有针对性地运用技术资源,实现竞争优势这一目标。由此可见,技术能力不仅是指企业占有技术资源的能力,还包括运用内外部资源的能力,即对技术资源的撷取、储存、应用的能力,这实际上也是吸收能力和创新能力。从这个角度来看,技术能力的发展是一个技术学习的过程,这个过程是很复杂的,也是比较困难的,需要花费大量的成本和时间,才能转化为本身的能力。所以对于发展中国家来说,技术能力的提升将面临很大的挑战。

按照演化论学派的观点,企业的技术学习是一个路径依赖和积累的过程。技术能力的发展源于技术的获取,尤其是发展中国家,技术能力的最初形成阶段,一般都是通过技术引进或技术溢出帮助建立了初步的能力(Basksran,2001),然后需要经过处理,才能使技术发生转移,这里涉及大量组织学习的过程,这种学习过程既包括正式的研发活动,也包括贯穿于组织各个层次的非正式活动。技术学习的基础是吸收能力,这是由多个因素决定的,即已有知识基础或技术基础、努力程度、企业的战略、技术抱负、企业文化、企业对特定技术领域的管理能力。通过不断努力和持久的学习,逐步改善本身的知识基础,以提高组织活动的效果和效率,从而提升企业的技术能力。具体见图2-5。

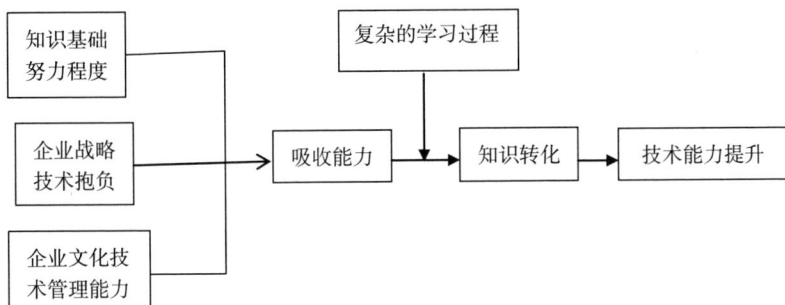

```
┌──────────┐
│ 知识基础   │
│ 努力程度   │──────┐
└──────────┘      │         ┌──────────┐
                  │         │复杂的学习过程│
┌──────────┐      │         └──────────┘
│ 企业战略   │      ↓              │
│ 技术抱负   │──→ ┌──────┐      ↓    ┌──────┐    ┌────────┐
└──────────┘      │吸收能力│ ──→ │知识转化│──→│技术能力提升│
                  └──────┘      └──────┘    └────────┘
┌──────────┐      ↑
│ 企业文化技  │      │
│ 术管理能力  │──────┘
└──────────┘
```

图 2-5　技术能力提升机理

资料来源:根据相关资料整理得出。

实际上,后发国家技术能力的提升是一个循序渐进的过程,金(Kim,1997)认为是技术引进—消化吸收—自主创新的发展模式。就我国而言,完整的技术能力成长过程是:第一阶段是消费品工业引进技术,生产消费品,这时创新程度较低,只是模仿技术;第二阶段是通过市场竞争,消费品的利润降低,要求产品在性能方面有所改进,给创新带来动力;第三阶段是在资金和技术积累到一定程度之后,通过消化吸收,使装备制造业的技术水平提高,满足新一轮消费品工业发展的需求,使消费品工业达到新的高度。谢伟(1999)认为是技术引进—生产能力—创新能力的发展模式。总之,无论是什么模式,努力吸收和改进技术、开展自主研发活动是必不可少的,可以说这些战略是提升企业技术能力最有效的途径。

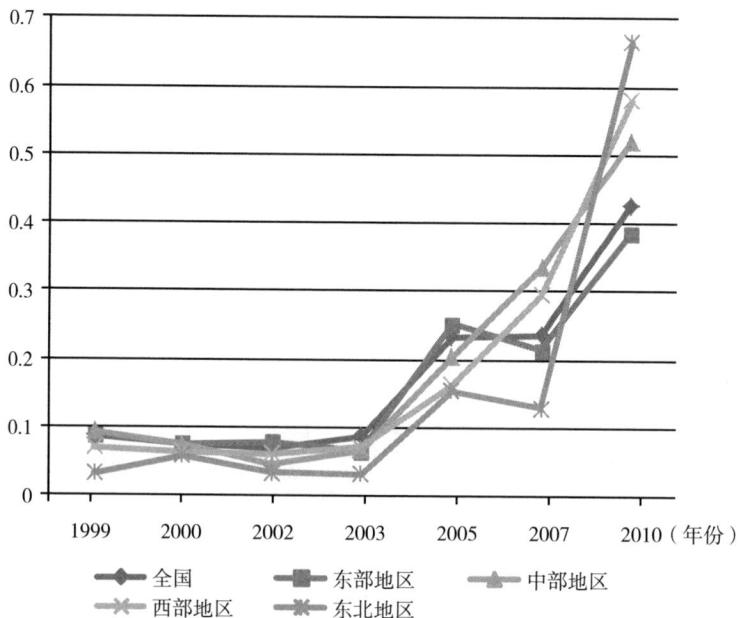

图 2-6　1999—2010 年大中型企业吸收与引进技术经费支出的比例

资料来源:2000—2011 年《中国科技统计年鉴》,中国统计出版社。

而中国的企业采取的是重引进、轻消化吸收的发展战略,如图 2-6 和图 2-7 所示,它们分别是部分年间大中型企业和规模以上企业吸收经费与引进技术经费支出的比例。从中我们可以看到,无论从哪一个口径来统计,吸收经费支出与引进技术经费支出的比例大多没有超过 1∶1(2016 年东北地区除外),最高发生在东北地区,2010 年为 0.67∶1(大中型企业口径),2016年为 2∶1(规模以上口径)。最低也发生在东北地区(1999 年0.031∶1 为大中型企业口径;2004 年 0.085∶1 为规模以上口径)。而发达国家的企业消化吸收经费支出一般是引进经费支出的 3 倍以上,日本和韩国较高,一般达到 5 倍和 8 倍以上,所以,东北地区虽然发展速度很快,但企业技术能力提升的过程没有完成,仍然处在技术学习过程中。

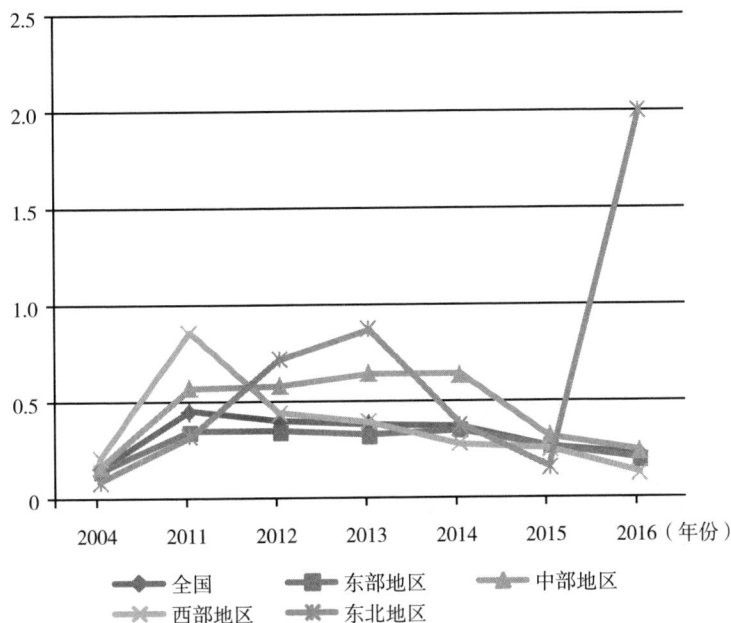

图2-7 2004—2013年规模以上企业吸收与引进技术经费支出的比例

资料来源:2005—2014年《中国科技统计年鉴》,中国统计出版社。

企业开展创新活动的情况也不尽如人意,图2-8是我国和各地区规模以上企业开展创新活动所占的比例。从图2-8中可以看到,开展创新活动的企业所占的比例虽然是逐年上升的,但非常低,就全国而言,2016年为23%,最高的地区是东部,2016年达到28.3%。东北地区不仅一直处于最低水平,还存在下降趋势,由2004年的8.99%下降到2015年的6.94%,2016年有所回升,达到10.12%。关于企业的创新活动和吸收能力之间的关系,正如科恩和利文索尔所指出的那样,企业之所以愿意承担巨大的成本来开展创新活动,是因为创新活动不仅会产生新的产品,而且会随着创新难度的加大,更多的基础知识被积聚起来,从而促进吸收能力的形成。很显然,以我国企业目前这种状况,技术能力的提升过程还处在吸收能力形成阶段,任重而道远。

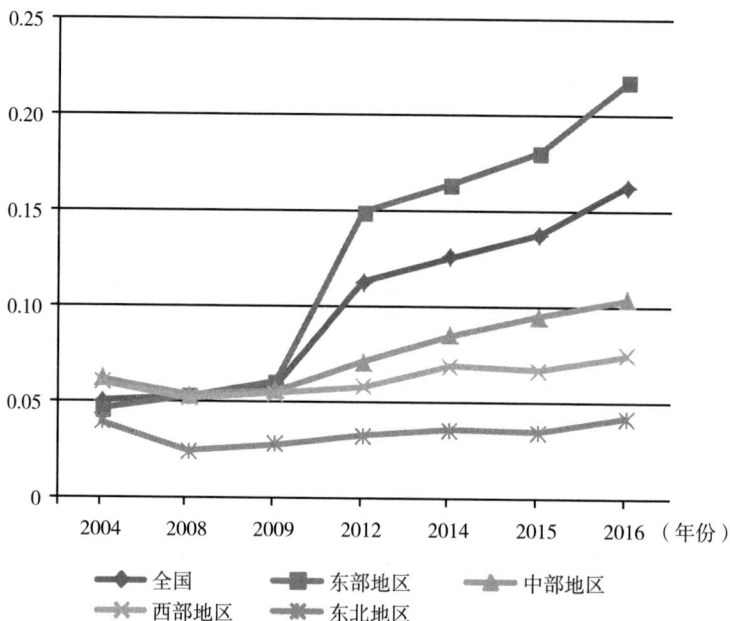

图2-8　2004—2013年规模以上企业开展创新活动的企业所占的比例
资料来源:2005—2014年《中国科技统计年鉴》,中国统计出版社。

三、要素市场机制不健全,阻碍企业成为创新主体

企业能否成为创新主体与市场机制是否完善有很大关联。在市场机制健全的条件下,对企业存在竞争和激励的双重作用,由于企业是自主经营、自负盈亏、自担风险,因而这种"倒逼机制"会促使企业增加创新投入,成为创新的主体。可是我国正处于经济转轨时期,市场化进程是从商品市场化开始的,而要素市场化,包括资本、土地、技术却还在进行当中,市场化程度非常

低,导致要素价格不反映其稀缺程度。比如一些国有企业,以较低的边际成本获取生产要素,从而获得超额利润,并不是依靠技术创新或效率的提高,主要是凭借行政权力,因此企业缺乏创新的动力。也就是说,在我国,"倒逼机制"尚未形成。

四、科技体制改革还没有完善,对于企业参与创新活动缺乏吸引力

科技体制是一整套国家层面的组织体系、制度安排和运行机制。在 1978 年前,我国主要采用苏联的模式,出现了科技与经济相脱节的现象,自 20 世纪 80 年代,我国开始对科技体制进行改革,以 1985 年 3 月中共中央发布的《关于科学技术体制改革的决定》为起点,截至 2017 年,科技体制改革已经经历了三十二年。总的来说,在体系结构、运行机制、创新主体能力上,改革的成效是明显的,这其中经历了从创新系统外层运作带来的变革到内核的重建。

但是,我国的科技体制中政府拥有创新与否的决策权,同时通过提供大部分研发经费,使其在创新资源分配上还具有绝对垄断权,这就意味着,政府、研究机构和大学,可以不直接服务于企业。很显然,这种"科学推动"型的研发模式,使企业缺乏参与创新的动力。

本章通过建立包括创新投入能力、创新转化能力、创新产出能力、地区制度创新能力的区域企业创新能力的评价指标体系,通过熵值法,利用 1997—2010 年中国八大地区大中型企业的数据,对东北地区大中型企业创新能力的发展现状和发展趋势进行了分析和比较,得出除了创新转化能力有点优势外,其他能力在八大综合经济区中排名都很靠后的结论。研究表明,制度创新能力落后是根本原因,虽然近几年发展速度很快,但还没有达到能克服制度因素所带来的不利影响的程度。在此基础上,通过建立系列动态面板数据模型,找出促进企业创新能力提升的关键因素以及各因素相互配合的内部机理,在深刻分析其形成原因的基础上,给地方政府提出了应制定有效的政策和创造宽松的环境、制定有效的人才政策、建立公共服务平台体系等相关建议。

第三章　东北地区全要素生产率增长率及技术效率问题分析

东北地区曾经是我国最重要的工业基地,对全国经济发展作出了巨大的贡献,但是 GDP 和工业增加值却由过去的15%和20%迅速下降,即使国家出台了东北老工业基地振兴战略,也没有改变局面,这很值得我们深思,迫使我们要进行更深入的研究,为解决东北地区的难题提出建议。

自我国政府在 1986 年提出"科学技术是第一生产力"的论断以来,政府出台了大量的科技政策和投入了大量的资金,如前所述,确实使东北地区的企业创新能力得到了发展,但这种快速的发展是否能有效地促进经济增长方式的转型? 如果没能促进经济增长方式转型,那么原因是什么? 对这些问题的研究,有助于我们找出技术创新作用方面的问题。本书是通过研究生产函数中效率因素的测算和分析来实现的。

传统的增长核算方法忽略了技术效率对生产率变化的影响,因而将全要素生产率的增长等同于技术进步。实际上,全要素生产率的增长由三部分组成:技术效率、技术进步和规模效率。这样,对全要素生产率的拆分研究,尤其是针对技术效率的专门研究得到了国内学者的高度关注。

全要素生产率的分析体现的是东北地区经济增长方式能否实现经济可持续发展的重要指标,而一个地区的制造业代表着该地区的经济综合实力和竞争力,尤其是东北地区的制造业在中国工业发展史上有着举足轻重的地位,具有"共和国装备部"之称,因而,对东北地区制造业全要素生产率问题的研究,不仅是振兴东北老工业基地的需要,也是实现《中国制造2025》战略规划的需要,通过对全要素生产率增长率的分解和分析研究,一方面可以分析分解因素的演变特征及行业差异,找出全要素生产率变化的深层原因;另一方面可以分析全要素生产率的行业差异,找出东北地区技术成长轨迹的发展阶段,并对所发挥的优势作出基本的判断,进而为制定政策提供依据。

除此之外,由于技术效率是衡量经济增长质量最重要的指标之一,本部分对技术效率还进行了专门研究。技术效率指投入与产出因素之间的最佳配置状态,反映了对现有资源有效利用的能力,是生产前沿面理论的重要内容。生产前沿面也叫边界生产函数,代表的是在最好的硬件和管理技术下所能达到的最大产出(前沿产出),达到最佳生产状态的经济主体的生产行为点分布在生产前沿面上,其余的只分布在生产前沿面内部,因此,关于技术效率的研究,既有理论价值,也有实际意义。

对东北地区技术效率的分析,我们是通过两方面进行的,一是测算地区技术效率;二是测算制造业的技术效率。地区技术效率的分析是通过测算中国大陆30个省级行政区和八大综合经济区的技术效率,从宏观层面上找出东北地区的差距和问题所在。对制造业技术效率的分析是利用2001—2011年18个样本行业的面板数据进行的测算和比较,从中观层次上找到破解东北地区的难题。

第一节 东北地区制造业全要素
生产率增长率分解分析

一、文献综述

生产效率的增长是经济增长的核心,通常用全要素生产率(Total Factor Productivity,TFP)来衡量。全要素生产率是指产出与全部要素投入量之比,利用这一指标,能够分析各要素投入的贡献率,探求经济增长源泉,评价经济增长的可持续性。自索罗余值提出以来,生产效率的研究逐渐受到学者们的关注,对全要素生产率的研究也在不断深入。

测度全要素生产率的方法主要有两种:一种是前沿分析法,分为参数法(SFA)和非参数法(DEA)。参数法的特点是首先假设最优产出;其次,构造生产函数(C-D、CES、对数等),并对前沿函数的参数进行估计;最后,确定技术效率与技术前沿的距离。缺点是构造生产函数的形式较复杂。而DEA方法直接通过测算技术进步、技术效率和投入要素的变化对全要素生产率的影响,就可以找出生产率增长的原因,不用进行生产函数的假设,所以,这种方法比较常用。另一种是非前沿分析法,是通过具体效率指标来测算效率的绝对值,主要是指索洛余值法、指数分析法。

利用 DEA—Malmquist 方法来测度全要素生产率,对于影响全要素生产率增长的因素,目前有多种结论,一种是以吴(Wu,1995)为代表的,认为全要素生产率的变化主要是由技术效率引起的,无论是在工业中,还是农业中;颜鹏飞和王兵(2004)也支持上述观点,他们利用 1978—2001 年的数据,发现正是由于技术效率的提高,使全要素生产率平均增长率为 0.25%;郑京海和胡鞍钢(2004)也证实,我国省际全要素生产率的增长也是来源于技术效率的提高。另一种是陈(2008)通过对我国农业全要素生产率的实证分析,得出了起着推动作用的因素是技术进步这一结论。最后,刘(Liu,2012)通过研究我国行业增长的情况,得出影响全要素生产率变化的因素,主要是规模效应,而不是技术效率这一结论。

总之,上述研究都支持全要素生产率的变化呈上升趋势这一观点,当然,也有学者认为变化趋势较复杂。如加里·杰斐逊(Gary Jefferson,2000)等的研究认为,虽然全要素生产率在相当长的一段时期内存在增长趋势,但 90 年代以后,全要素生产率在国有企业中的表现却不尽如人意,整体呈现下降趋势。孔翔等(1999)利用 1990—1994 年几个行业[①]的国有企业数据,对全要素生产率进行了测算,发现在不同的行业,全要素生产率的变化趋势是不同的,机械行业小幅度增长,建材行业几乎没有增长,化工和纺织业负增长。郑京海等(2002)同样利用 1980—1994 年的数据,以轻工业、重工业、机械和纺织业为研究样本,发现除纺织业外,其他行业虽然有增长迹象,但不明显。

---

① 主要有建材、化工、机械和纺织四个行业。

对产业的研究还有黄山松和潭清美(2011),他们把制造业分为劳动、资本、技术密集型,通过利用2001—2008年的数据,发现不同性质的产业创新效率是不同的,其影响因素也不同:劳动密集型制造业创新效率呈下降趋势,是由技术退步所致;资本、技术密集制造业创新效率上升,前者依靠技术效率推动,而后者则依赖技术进步。金相郁和马丽(2007)用DEA方法对中国在2000—2005年的"三资"行业的效率进行了研究,发现中国"三资"企业行业的效率普遍比较低,且平均技术效率值递减主要是由平均规模效率递减所致,在此基础上对山东、广东、北京、上海四个地区"三资"企业的行业效率进行比较,发现差异是非常明显的。

用DEA—Malmquist指数方法,测算全要素生产率的变化,在国内已经有了大量的研究,但研究工业部门(这里指具体行业)的却很少,尤其是关于东北地区制造业的针对性研究就更少,鉴于目前东北地区发展的现状以及东北地区制造业在东北地区的举足轻重的地位,所以该项研究具有实际意义。本书对东北地区制造业的18个样本行业的全要素生产率进行了测算,并找出技术进步、技术效率、纯技术效率、规模效率的变化特征,分析了全要素生产率变化的原因所在,同时发现了技术成长轨迹的发展阶段以及传统优势产业存在的问题,为制定政策提供依据。

二、DEA—Malmquist 指数测算方法简介

DEA方法是用于前沿估计和效率测度的常见方法。用于评价具有相同类型的部门或单位间的相对有效性,部门或单位称为决策单元,简记DMU,主要是根据决策单元的"输入"和

"输出"数据,通过求解线性规划问题,确定相对有效的生产前沿面,通过比较决策单元偏离 DEA 前沿面的程度,来评价各决策单元的相对有效性。Malmquis 指数最初由马尔姆奎斯特(Malmquist)于 1953 年提出,1982 年,凯夫斯(Caves)、克里斯坦森(Christensen)和迪维尔(Diewer)将其应用于生产效率变化的测算,1994 年,罗尔法雷(RolfFare)等将 Malmquis 指数与 DEA 相结合,目前是测算全要素生产率较流行的方法。

本书把每个行业看作一个生产决策单元,利用 DEA 方法来构造不同时期东北地区的生产最佳实践前沿面,并把每一个行业的生产与最佳实践前沿面相比较,从而得出技术进步与技术效率变化情况。此方法在多个对象之间的面板数据分析中,将全要素生产率的变化分解为技术进步和技术效率变化的乘积,而技术效率又分解成为纯技术效率和规模效率之积。

本书用投入要素集的方式来表述最佳前沿面。假设 x_k^t、y_k^t 为时期 t,第 K 个行业的投入和产出,根据当期 DEA,每一期固定规模报酬(A),投入要素强可处置(B),则参考技术为:

$$C^t(x^t \mid A,B) = \{x^t : y^t \leq \sum z_k^t y_k^t ; \sum z_k^t x_k^t \leq x_k^t ; z_k^t \geq 0\}$$

$$(3-1)$$

Z 表示每一个行业的权重。那么每一个行业基于投入的 Farell 技术效率为 $F^t(x^t, y^t) = \min \theta^k$。

s.t. $y_k^t \leq \sum z_k^t y_k^t$

$$\sum_{k=1}^{K} z_k^t x_k^t \leq \theta^k ; z_k^t \geq 0, k = 1, \cdots, K \qquad (3-2)$$

根据费尔等(Fare 等,1994a),我们得到基于参考技术 $L^t(y^t)$ 的距离函数(distance function):

$$D_i^t(x^t, y^t) = 1/F_i^t(x_i^t, y^t) \tag{3-3}$$

我们通常取两个指数的几何平均数,来构造 Malmquist 生产率指数:

$$M_i(x^{t+1}, y^{t+1}; x^t, y^t) = \parallel M_i^t \parallel M_i^{t+1} \parallel^{1/2}$$

$$= \frac{D_i^t(x^t, y^t)}{D_i^{t+1}(x^{t+1}, y^{t+1})} \left| \frac{D_i^{t+1}(x^{t+1}, y^{t+1})}{D_i^t(x^{t+1}, y^{t+1})} \times \frac{D_i^{t+1}(x^t, y^t)}{D_i^t(x^t, y^t)} \right|^{1/2} \tag{3-4}$$

$$= E(x^{t+1}, y^{t+1}; x^t, y^t) \times Tc(x^{t+1}, y^{t+1}; x^t, y^t)$$

在(3-4)式中,E、Tc 分别表示决策单元(DMU)第 t 期到第 $t+1$ 期的技术效率变化、技术进步的变化,前者是规模报酬不变假设下,用来衡量生产中是否达到最优资源配置情况,后者是反映生产技术变化的情况。

根据雷和德斯利(Ray 和 Desli,1997)的研究,技术效率的变化可分解为:

$$E = Pc(x^{t+1}, y^{t+1}; x^t, y^t) \times Sc(x^{t+1}, y^{t+1}; x^t, y^t) \tag{3-5}$$

其中,Pc、Sc 分别为可变规模报酬的纯技术效率变化、规模效率变化。纯技术效率变化指数(Pc)是衡量各生产要素的合理配置和现有技术的应用情况;规模效率变化指数(Sc)反映决策单元(DMU)是否处于最优生产规模。

三、数据来源与变量处理

1. 数据来源

本部分所使用的数据绝大多数来源于 2001—2011 年的《中国工业经济统计年鉴》,关于部分缺失的数据,一些是从地方经济统计年鉴中获得,还有一些是通过计算相邻两年的平均值求得,考虑到研究的需要,比较齐备的数据有 18 个行业,以此作为研究的样本。

2. 变量选取

(1)产出指标。本书是以 2000 年的数据作为基期,以制造业工业总产值作为产出指标。统计年鉴中给出的总产值指标都是按当年价计算的,为了真实反映制造业总产值情况,必须把价格因素的影响消除掉,本书利用制造业工业品出厂价格指数,进行价格指数平减,最后得到的制造业工业总产值是以基期 2000年价格计算的。

(2)有效劳动投入指标。这个指标可以直接从统计年鉴中获得,用各行业全部从业人员年平均人数作为有效劳动投入。

(3)资本投入指标。这个指标不能直接从统计年鉴中获得,需要进行估算。理论上,资本投入量是资本使用流量,但在应用中,这一数据很难获得,所以,只能用资本存量来代替(王文寅和张叶峰,2012)。目前,关于资本存量的估计有两种方法,一是永续盘存法,由戈登·史密斯(Gold smith)于 1951 年开创,模型为:

$$K_{it} = K_{i(t-1)}(1 - \delta_{it}) + I_{it} \tag{3-6}$$

其中,K_{it} 和 $K_{i(t-1)}$ 分别是第 i 个行业在第 t 年和第 $t-1$ 年的资本存量;δ_{it} 为第 i 个行业第 t 年的折旧率;I_{it} 为第 i 个行业第 t 年的固定资本投资额。

二是资本价格租赁度量法,由乔根森(Jorgenson)于 1966 年提出,该方法比较严谨,充分考虑了所有用资本存量代替资本流量时产生的误差,但由于资本租赁价格不容易获得,因而,这个方法的应用受到了限制。本书沿用国内常用的永续盘存法对资本投入进行估算。

首先,计算2001—2011年的分行业折旧率。按照财务会计的定义,固定资产折旧是指在固定资产使用寿命内,按照一定的折旧率对应折旧额进行系统分摊。而折旧率是指在使用寿命内固定资产折旧额对固定资产原价的比率,有三种折算方法:个别折旧率、分类折旧率和综合折旧率。折旧率的不同,对资本存量估算就会不同。已有的研究大多采用固定折旧率,例如王小鲁(2000)、谢丹阳(2004)采用的假定折旧率是10%,这种不考虑行业和时期直接采用固定资产折旧率的方法过于粗糙。为使估算数据更加准确,本书采用陈诗一(2011)在进行资本存量估算时采用的计算方法——可变折旧率方法,即折旧率随着行业和时期的不同而不同,具体如下:

$$累计折旧_{it} = 固定资产原值_{it} - 固定资产净值_{it}$$

$$本年折旧_{it} = 累计折旧_{it} - 累计折旧_{i(t-1)} \tag{3-7}$$

$$折旧率_{it} = 本年折旧_{it} / 固定资产原值_{i(t-1)}$$

这里,i代表行业t,$t-1$代表当期和前期。

其次,计算当年实际投资额。从现有研究来看,对当年实际投资额数据的选取主要有三种方式:第一种是早期的张军扩(1991)、贺菊煌(1992)等采用的所谓用"积累"进行测算及相应的统计;第二种是王小鲁(2000)等采用全社会固定资本投资;第三种就是近期比较广泛利用的方法,如何枫等(2003),用资本形成总额或者固定资本形成总额。

在《中国工业经济统计年鉴》中,并没有明确地给出固定资本新增投资额,只有通过固定资产原值和固定资产净值的计算

得到,因此,本书参考了陈诗一(2011)所采用的方法,利用下式进行计算:

$$投资额_{it} = [固定资产原值_{it} - 固定资产原值_{i(t-1)}]/固定资产投资价格指数_{it} \qquad (3-8)$$

(3-8)式表明,用相邻两期的固定资产原值之差来构成投资额序列,对这个序列利用固定资产投资价格指数进行平减,最后得到投资额序列。

最后,确定2000年初始资本存量。本书借鉴已有的研究,把2000年各行业固定资产净值作为相应的初始资本存量。

四、全要素生产率增长率的测算、分解与分析

利用东北地区制造业18个行业2001—2011年的面板数据,根据上述研究方法,构建DEA—Malmquist指数模型,运用DEAP 2.1软件,测度了全要素生产率增长率,结果见表3-1和表3-2。

表3-1　东北地区制造业全要素生产率及其构成的时间序列变化

时间	技术效率变化	技术进步变化	纯技术效率变化	规模效率变化	全要素生产率变化
2001—2002	0.921	1.248	0.912	1.01	1.149
2002—2003	1.016	1.172	1.049	0.968	1.190
2003—2004	0.968	1.16	0.932	1.038	1.122
2004—2005	1.075	1.119	1.077	0.998	1.203
2005—2006	1.049	1.115	1.022	1.026	1.170
2006—2007	0.97	1.266	0.994	0.976	1.228
2007—2008	0.592	1.749	0.72	0.823	1.036
2008—2009	1.009	1.165	1.012	0.997	1.176
2009—2010	0.987	1.11	1.033	0.955	1.095

续表

时间	技术 效率变化	技术 进步变化	纯技术 效率变化	规模 效率变化	全要素 生产率变化
2010—2011	1.005	1.133	1.019	0.986	1.139
平均	0.948	1.212	0.972	0.976	1.150

1. 技术进步变化的结果分析

从表 3-1 中可以看到,技术进步在时间序列上的变化,总的来说,呈上升趋势,平均增长率为 21.2%,2007—2008 年达到最高,平均增长率为 74.9%,最低出现在 2009—2010 年,为 11%。进一步分析技术进步在行业上的变化(见表 3-2),结果表明,技术进步都呈上升趋势,上升速度在 16.2%—24.6%,各个行业的上升速度比较均匀,一方面反映出创新政策,如技术引进政策、科技政策以及振兴东北老工业基地政策等,在一定程度上是有效的;另一方面对照其他指数的变化,说明推动东北地区全要素生产率提高的主要动力是技术进步。

2. 技术效率变化的结果分析

从表 3-1 可以看到,技术效率从时间序列上来看呈现下降趋势,年均下降 5.2%(2001—2011 年),2007—2008 年平均下降幅度最大,高达 40.8%,下降年份和上升年份的个数持平,上升幅度最大的年份在 2004—2005 年,平均增长率为 0.75%,由此可见,即使有上升,幅度也很小。而从表 3-2 中可以看到行业的变化特征,总的来说,平均趋势是下降的(食品制造业上升 1.5%),各行业之间下降幅度较均匀,在 1.8%—12.9%,最大为化学纤维制造业,最小为专用设备制造业。实证结果表明,东北地区的技术效率是存在损失的,而且这种趋势并没有得到改善,这就意味着,技术进步的增长并不能完全转化为全要素生产率的增长,这可能正是东北地区依靠技术创新推动产业升级的问题所在。

关于技术效率下降的原因,可以从纯技术效率和规模效率的变化特征中去寻找。

表3-2　东北地区制造业各样本行业全要素生产率及其构成变化

行业	技术效率变化	技术进步变化	纯技术效率变化	规模效率变化	全要素生产率变化
食品制造业	1.015	1.225	1.013	1.002	1.244
饮料制造业	0.954	1.244	0.962	0.991	1.187
烟草制品业	0.954	1.246	1	0.954	1.188
纺织业	0.973	1.162	1.038	0.937	1.130
造纸及纸制品业	0.975	1.233	1.026	0.950	1.202
化学原料及化学制品业制造业	0.95	1.240	0.934	1.017	1.178
医药制造业	0.93	1.208	0.938	0.992	1.124
化学纤维制造业	0.871	1.239	1.007	0.865	1.08
非金属矿物制品业	0.964	1.178	0.962	1.002	1.135
黑色金属冶炼及压延加工业	0.933	1.236	0.919	1.015	1.154
有色金属冶炼及压延加工业	0.912	1.232	0.927	0.984	1.123
金属制品业	0.938	1.196	0.952	0.986	1.122
通用设备制造业	0.973	1.188	0.999	0.974	1.156
专用设备制造业	0.982	1.203	0.978	1.004	1.182
交通运输设备制造业	0.948	1.237	1	0.948	1.172
电气机械及器材制造业	0.903	1.162	0.914	0.989	1.05
通信设备计算机及其他电子设备制造业	0.926	1.227	0.933	0.993	1.136
仪器仪表及文化办公用机械制造业	0.975	1.174	0.999	0.976	1.144

3. 纯技术效率变化的结果分析

从表 3-1 中可以看到,纯技术效率在时间序列上呈下降趋势,平均下降了 2.8%,2007—2008 年下降幅度最大,为 28%,除 2009—2010 年之外(纯技术效率是上升的,技术效率是下降的),其余年份的变化趋势与技术效率的变化是相同的。

行业之间的变化趋势(见表 3-2)是有差异的,有上升趋势,也有下降趋势,下降的行业是上升行业数的 2 倍,好于技术效率的变化趋势。纺织业的纯技术效率平均增长率为 3.8%,上升幅度最大,下降幅度最大的行业为电气机械及器材制造业,平均下降 8.6%,总的来说,差异不大。

4. 规模效率变化的结果分析

从表 3-1 中可以看到,规模效率在时间序列上呈下降趋势,平均下降了 2.4%,2007—2008 年下降幅度最大,为 17.7%,下降幅度最小的年份是 2004—2005 年,为 0.2%。只有 2001—2002 年、2003—2004 年与 2005—2006 年是上升的,但幅度很小。

规模效率变化的行业特征是,大部分行业呈下降趋势(13 个行业,占样本的 72.2%),只有 5 个行业呈上升趋势,下降幅度最大的行业为化学纤维制造业,这也是技术效率下降幅度最大的行业。

寻找东北地区制造业技术效率损失的原因,从上述分析来看,较为复杂,只能从时间序列和行业方面分别进行解释,具体见表 3-3 和表 3-4。从时间序列上看(见表 3-3),平均水平上,技术效率的损失是纯技术效率降低(2.8%)和规模效率降低(2.4%)共同作用的结果;从每一个时期来看,除2009—2010年间外,其余年份技术效率的变化方向与纯技术效率相同,说明技术效率损失的原因主要来源于纯技术效率,而规模效率的变化只能起辅助作用。

表3-3 从时间序列上寻找技术效率损失的原因 （单位:%）

时间	技术效率变化	纯技术效率变化	规模效率变化
2001—2002	−7.9	−8.8	1.0
2002—2003	1.6	4.9	−3.2
2003—2004	−3.2	−6.8	3.8
2004—2005	7.5	7.7	−0.2
2005—2006	4.9	2.2	2.6
2006—2007	−3.0	−0.6	−2.4
2007—2008	−40.8	−28.0	−17.7
2008—2009	0.9	1.2	−0.3
2009—2010	−1.3	3.3	−4.5
2010—2011	0.5	1.9	−1.4
平均	−5.2	−2.8	−2.4

从行业上来看(见表3-4),烟草制品业、纺织业、造纸及纸制品业、化学纤维制造业、交通运输设备制造业5个行业的技术效率损失完全由规模效率来解释,而化学原料及化学制品业制造业、非金属矿物制品业、黑色金属冶炼及压延加工业、专用设备制造业4个行业的技术效率损失完全由纯技术效率来解释,其余8个行业(饮料制造业、医药制造业、有色金属冶炼及压延加工业、金属制品业、通用设备制造业、电气机械及器材制造业、通信设备计算机及其他电子设备制造业、仪器仪表及文化办公

用机械制造业）的技术效率损失是纯技术效率和规模效率共同作用的结果。

5.全要素生产率变化的结果分析

从表 3-1 和表 3-2 中可以看到，全要素生产率呈上升趋势，在 2001—2011 年，平均上升 15%，在 2006—2007 年，平均增长率最高，达到 22.8%，最低年份在 2007—2008 年，为 3.6%；所有行业的全要素生产率都是上升的，增长率最高行业为食品制造业，增长 24.4%，最低行业为电气机械及器材制造业，增长5%。由于技术效率变化的复杂性，技术进步在全要素生产率增长中发挥了关键作用。

表 3-4　从行业上寻找技术效率损失的原因　　（单位:%）

行业	技术效率变化	纯技术效率变化	规模效率变化
食品制造业	1.5	1.3	0.2
饮料制造业	−4.6	−3.8	−0.9
烟草制品业	−4.6	0	−4.6
纺织业	−2.7	3.8	−6.3
造纸及纸制品业	−2.5	2.6	−5.0
化学原料及化学制品业制造业	−5.0	−6.6	1.7
医药制造业	−7.0	−6.2	−0.8
化学纤维制造业	−12.9	0.7	−13.5
非金属矿物制品业	−3.6	−3.8	0.2
黑色金属冶炼及压延加工业	−6.7	−8.1	1.5
有色金属冶炼及压延加工业	−8.8	−7.3	−1.6
金属制品业	−6.2	−4.8	−1.4
通用设备制造业	−2.7	−0.1	−2.6
专用设备制造业	−1.8	−2.2	0.4
交通运输设备制造业	−5.2	0	−5.2

行业	技术效率变化	纯技术效率变化	规模效率变化
电气机械及器材制造业	-9.7	-8.6	-1.1
通信设备计算机及其他电子设备制造业	-7.4	-6.7	-0.7
仪器仪表及文化办公用机械制造业	-2.5	-0.1	-2.4

总之,第一,所有的样本行业在2001—2011年,由于技术进步水平得到了大幅度的提高,使全要素生产率都呈上升趋势,而技术效率却存在许多问题:一是规模效益没有形成,说明企业还没有达到"做大"的基本标准;二是企业的管理水平没有达到标准,使资源没有得到有效配置,使用效率没有达到最优。

第二,重化工业的发展受到了抑制。东北重工业的雏形是1931年的"九一八"事变后,日本为了直接服务于殖民掠夺和战争资源的供应时形成的,伪满时期通过强制推行"产业开发"政策,其发展得到急剧膨胀,新中国成立之后,东北地区成为国家重点建设的工业基地,"一五"计划时期(1953—1957年),国家将156个重点项目中的58个放在东北,仅辽宁省工业的投资就占同期全国工业投资总额的18.5%,这样,在东北地区就形成了以能源、原材料、装备制造业等重化工业为主的产业体系。可是,自20世纪90年代开始,东北地区出现经济发展滞后的现象,要素生产率增长水平(见表3-2)排在前面的都是轻工业,第一名是食品制造业,第二名是造纸及纸制品业,第三名是烟草制品业,第四名是饮料制造业,而重工业中排在最前面的是专用设备制造业,位居第五,交通运输设备制造业仅排在第七。这说明,正是由于重工业的全要素生产率增长缓慢,才使有这么悠久历史的重工业,发展到了今天这个程度,导致竞争力缺乏。

第三,技术成长轨迹没有成熟。发展中国家与发达国家技术成长的轨迹是不同的,一般来说,发展中国家需要经历引进、消化、吸收和引进,是一个三段式模型。赵兰香(1999)借鉴A—U模型(在产业和企业层次上发现了产品创新、工艺创新以及组织演化之间的规律),提出了我国在产业层次上的技术成长轨迹模型为:

轻工业引进技术→轻工业创新→装备制造业创新→轻工业自主创新。

对照上述模型,鉴于目前东北地区重工业全要素生产率变化状况,无论是对全国而言,还是只针对东北地区来说,都说明技术成长轨迹没有成熟,还处于发展阶段,今后的发展战略应加强轻、重工业之间技术的协调发展,努力推动装备制造业的创新,以实现发展中国家的追赶目标,形成自主创新的能力。

第四,东北地区的很多优势产业,如医药制造业,三个省份都有特色项目,辽宁省是化学原料药生产基地、先进医疗设备生产基地、生物技术药品产业化基地、系列中成药生产基地;黑龙江着重发展以抗生素、现代中药为主的化学药品、优势天然药物、原料药和保健品产业;吉林省是国家重点建设的生物技术和现代中药产业基地。而且,相比东南沿海地区,有很大的优势,成本低、原料丰富、产业基础好。2011年,全国共有医药制造企业5926家,东北地区拥有645家,占到10.88%,其工业总产值占全国的11.2%,但全要素生产率变化排名靠后(第14位),化学纤维制造业更靠后(第17位)。这些行业都是技术密集型制造业,而全要素生产率却非常低,说明东北地区的优势产业只是发挥了资源优势,技术优势远没有发挥出来,甚至有可能没有形成,很显然,这不利于地区的可持续发展。

五、结论与政策含义

以东北地区 18 个制造业为研究样本,利用 2001—2011 年的数据,构建了 DEA—Malmquist 指数模型,对全要素生产率进行了测算,进一步分解为技术进步与技术效率,技术效率又分解为纯技术效率与规模效率,研究不同行业、不同时期的全要素生产率、技术效率与技术进步的变化特征,从而可以找到全要素生产率增长的源泉以及问题所在。基本结论如下:

第一,由于政府在科技领域投入了大量的政策,使东北地区制造业的技术进步有了长足的发展,上升趋势明显,无论从时间序列上还是行业上看,都是全要素生产率提高的主要动力。

第二,技术效率是存在损失的,个别年份损失达到 40% 左右,这表明,东北地区制造业依靠技术创新推动产业升级的最大问题来源于技术效率的损失。总的来说,技术效率损失的原因,因行业的不同而不同,需要具体问题具体分析。

第三,全要素生产率增长率无论从时间序列上还是从各个行业上看都呈上升趋势,但轻工业明显高于重工业,由此判断技术成长轨迹还处于发展阶段;而重工业或优势产业的发展没有形成技术优势,只是依赖资源,说明轻重工业之间没有形成技术协调发展的模式,处于模仿创新阶段,自主创新能力没有形成。

本部分的政策含义如下:第一,完善区域创新体系,推动企业成为创新主体,形成创新网络,迅速扩散和应用科技创新成果,充分发挥技术进步的优势,借助全球制造业的价值链分工体系,是实现产业升级的有利途径。第二,进一步打造制造业的产业集群,一方面通过扩大制造业的规模,提高效益;另一方面是利用产业集群这个介于市场与企业之间的组织制度安排特征,充分发挥创新和竞争功能,促进制造业企业管理水平的提高。第三,进一步改革科技体制,完善科技政策,通过产业创新政策,推动技术沿着成长的轨迹发展,使技术在轻重工业之间协调发展,最终实现产业的自主创新。第四,针对东北地区优势产业的发展现状,出台相关支持政策,使资源优势和技术优势同时发挥。

第二节　东北地区制造业技术效率的问题分析

通过上一节分析,我们发现东北地区技术效率损失很大,所以有必要针对技术效率问题做进一步的研究。

一、技术效率及其研究综述

技术效率(technical efficiency)这一概念是由法雷尔(Farrell,1957)最早从投入角度提出来的,他在《生产效率度量》一书中认为,如果生产技术和市场价格保持不变,生产要素投入比例既定,那么,技术效率就是生产所需投入的最小成本占实际生产成本的比率。也有人从产出角度对技术效率进行界定,比如莱宾斯坦(Leibenstein,1966)认为,对于一个生产单位而言,如果要素投入是等量的,技术效率就是衡量实际产出与最大产出之间的距离。最大产出在生产前沿面上,如果实际产出位于生产前沿面上,则技术有效;相反,如果在生产前沿面下方,则技术无效,而且,距离最大产出(生产前沿面)越远,说明技术效率越低。本书借鉴大多数学者(从产出角度来界定)的用法,认为,技术效率实质上是一个生产单位的实际值与最优值(最大产出)的比较,这样利用前沿生产函数寻找最优值就变成了测量技术效率的关键。

前沿生产函数主要有两种:一种是随机性的参数型模型,以随机前沿分析(SFA)方法为代表;另一种是确定性的非参数模型,以查恩斯等(Charnes 等,1978)提出的 DEA 方法为代表,该方法的优点在于,可以避免因错误的函数形式所带来的问题,而且适用于大样本研究,但缺点是对算法要求高,依赖于大数据,更为主要的是,在实际影响技术效率的原因中,除纯粹是由每个生产单位的实际产出与前沿产出之间的差别引起外,还存在一些由于生产环境不同所带来的随机的非技术因素的影响,在这种情况下,随机前沿分析法(SFA)更适用。傅晓霞和吴利学(2007)对 SFA 方法和 DEA 方法的适用性进行了比较分析,认为,利用随机前沿模型更适合我国目前的数据类型,其结论也更加可靠。鉴于此,本书也应用参数型的 SFA 方法对东北地区制造业进行测算。首先,构建一个模型,对这个模型参数的估计,必须充分考虑误差项目的复合结构和分布形式;其次,选择相应技术方法来适应误差项分布的假设。SFA 与 DEA 相比,具有如下的优势:一是通过建立生产函数来测算技术效率,不仅使技术效率的估计得到了控制,而且还能描述个体的生产过程;二是能对外生扰动因素造成的随机误差和技术无效率水平进行有效区分;三是在 SFA 方法中,由于前沿面是随机的,这样假如模型设定合理,对面板数据模型研究来说,估计效果会更好。

目前,国内学术界主要从微观(企业)、中观(产业)和宏观(区域)三个层次研究技术效率问题,本书主要关注产业层次的研究,有关于第一产业的,比如农业,第二产业的有装备制造业、高新技术产业,第三产业的有银行业,这些研究为本书提供了很好的借鉴。

沈能、刘凤朝、赵建强(2007)的研究表明,1985—2003年间,我国工业的技术效率呈现波动式变化,由正增长转为负增长,影响了全要素生产率(TFP)的增长。杨桂元、王莉莉(2008)发现,在1999—2005年,中国各个地区制造业的技术(生产)效率对TFP的增长都带来了不利影响,与技术进步始终不同步。崔国平(2009)运用SFA方法,利用1996—2005年的数据,测得我国制造业各行业的技术效率水平是逐年增长的,同时找到了影响技术效率的因素(产业组织状况、产权结构、规模以及进入壁垒)。杨文举等(2010)利用1998—2008年的地区工业数据,发现工业发展中普遍存在技术无效率问题,通过改善技术效率,能有效促进工业劳动生产率的提高。陈静等(2010)运用DEA和Malmquist指数法,以制造业28个行业为研究对象,结果表明,技术效率与规模效率虽然都呈增长态势,但发展不同步,多数行业不能达到同时有效。黄凌云等(2011)的研究比较全面,是分别采用SFA和DEA两种方法,有利于比较。他们所使用的数据既有中国制造业1999—2007年26个行业的面板数据,也有截面数据,研究结果表明,技术效率都是逐年提高的,但制度因素影响了技术效率的提高,而FDI具有正的技术溢出效应。王丽丽(2012)以我国28个制造行业为样本,运用DEA方法,利用2003—2007年间的数据,发现我国制造业的技术效率水平并不高,但技术效率与行业技术水平的变化方向相一致。

综合上述研究,很多学者利用随机前沿方法(SFA)对技术效率水平进行了测算,为本书提供了很好的方法借鉴,同时,对技术效率损失原因的分析,也给本书的研究提供了很多启示。但在现有研究中,很少有关于东北地区制造业技术效率的具体分析,使我们在研究东北地区产业升级问题时,缺少相应的参考。东北地区产业升级问题非常复杂,对其挖掘必须涉及方方面面,因此,该问题的研究具有实际意义。本部分的研究思路为:首先利用SFA方法,测算东北地区制造业技术效率的水平,然后对各省份的行业技术效率进行比较,尤其是支柱产业或优势产业的比较,力求提取更多信息,找到东北地区存在问题的真实原因。

二、东北地区制造业技术效率的测算

1. 方法介绍

本书采用随机前沿模型(SFA)方法,这一模型是由艾格纳、洛弗尔、施密特(Aigner, Lovell, Schmidt, 1977),巴特斯和科拉(Battese & Corra, 1977),米尤森、布罗克(Meeusen 和 Broeck, 1977)等提出的,其一般形式是:

$$Y_{it} = f(X_{it};\beta)\exp(\nu_{it} - \mu_{it}) \ , \ i = 1, 2, \cdots, N ; t = 1, 2, \cdots, T$$

$$(3-9)$$

式中,Y 代表产出,其函数代表生产前沿面,X 代表各种投入,β 为待估计的参数;在 SFA 模型中,随机扰动项是一个复合机构,形式为($\nu_{it} - \mu_{it}$),这里,ν_{it} 是随机误差项,服从 N(0,

σ_v^2)分布,且 $v_{it} \in iid$（独立一致分布）；μ_{it} 为随机扰动项,为非负变量,服从单侧分布,这个变量的存在代表技术非效率项,表示个体冲击的影响,与 v_{it} 之间是相互独立的,若 $\mu_{it} > 0$,表明实际产出与生产前沿面有距离,是存在效率损失的,若 $\mu_{it} = 0$,情况正好相反,说明实际产出在生产前沿面上,技术有效。

2. 模型的选择

经过综合考虑,在多次尝试的基础上,本书虽然也是运用柯布-道格拉斯生产函数,但是采用超越对数型来测算各样本行业的技术效率,具体如下：

$$\ln Y_{it} = \beta_0 + \beta_1 \ln K_{it} + \beta_2 \ln L_{it} + \beta_3 (\ln K_{it})^2 + \beta_4 (\ln L_{it})^2 + \beta_5 \ln K_{it} \cdot \ln L_{it} + v_{it} - u_{it}$$

$$u_{it} = \exp[-\eta \times (t - T)] \times u_i$$

$$TE_{it} = \exp(-u_{it}) \quad i = 1, 2, \cdots, N; t = 1, 2, \cdots, T \quad (3\text{-}10)$$

$$u_{it} \sim N^+(\mu, \sigma_u^2), v_{it} \sim N(0, \sigma_v^2)$$

$$\gamma = \sigma_u^2 / (\sigma_u^2 + \sigma_v^2) \quad 0 \leqslant \gamma \leqslant 1, 可令 \sigma^2 = \sigma_u^2 + \sigma_v^2$$

(3-10)式中,Y 表示实际产出,L 和 K 分别表示劳动投入和资本投入,i 代表行业,t 代表时间,β_0、β_1,$\cdots$,β_5 以及下文的 η、μ 和 γ 均为未知的参数。参数 η 描述技术非效率项 μ_{it} 受时间因素的影响情况,有三种情况：$\eta > 0$、$\eta < 0$ 和 $\eta = 0$,分别表示技术效率的上升、下降和不变趋势。而代表技术效率水平的是 TE,它是 u_{it} 的函数,很显然,当 $u_{it} > 0$ 时,则 $0 < TE < 1$,说明生产单位处于生产前沿面下方,技术效率有损失；当 $u_{it} = 0$ 时,则 $TE = 1$,技术效率无损失,说明生产单位在生产前沿面上。参数 γ 主要用来检验选择 SFA 模型是否正确的问题,从公式中可以看

出,是技术无效率因素在复合随机扰动项中所占的比例,一般是 $0 \leqslant \gamma \leqslant 1$,在统计检验中,如果 γ 趋于 1,说明是由于技术无效导致的实际产出没有达到前沿产出水平,表明选择 SFA 模型是正确的,当 $\gamma = 0$ 这一原假设被接受时,表明实际产出不理想,不是由技术无效引起的,有可能是来自不可控的纯随机因素或者统计误差的影响,这样选择 SFA 模型就不合适。

3. 数据来源与变量说明

数据的获取和样本的确定是基于可得性和完整性。本书的数据主要来源于《中国工业经济统计年鉴》,样本范围在 2001—2011 年,但 2004 年的数据较特殊,只能从《中国经济普查年鉴 2004》中获得,所有的数据是从按地区分组的各行业工业企业主要经济指标统计数据中选取的,共选择了 18 个行业作为样本,形成了一个面板数据集,这样就可以有效地克服使用截面数据估计随机前沿生产模型时所带来的问题。

按照通行的做法,本书以制造业工业总产值作为产出指标(Y),统计年鉴中给出的总产值指标都是按当年价计算的,为了真实反映制造业总产值情况,必须把价格因素的影响消除掉,所用的方法是指数平减法,而工业品出厂价格指数的数据来源于东北三省历年的统计年鉴,最后得到各省的制造业分行业工业总产值是以基期 2000 年价格计算的,然后加总为东北地区的分行业工业总产值。

劳动投入(L)这个指标可以直接从统计年鉴中获得,用各行业全部从业人员年平均人数来衡量。

资本投入(K)这个指标不能直接从统计年鉴中获得,需要进行估算。理论上,资本投入量是资本使用流量,但在应用中,这一数据很难获得,所以,用资本存量来代替(王文寅和张叶峰,2012)。本书采用固定资产净值,与国内的其他学者一样,用永续盘存法进行估算,计算公式为:

$$K_{it} = K_{i(t-1)}(1 - \delta_{it}) + I_{it} \qquad (3-11)$$

其中,K 为固定资本存量;δ 为折旧率;I 为固定资本新增投资额,i 代表行业,t 代表时间。

第一,计算研究范围内的分行业折旧率。从现有的文献来看,折旧率的计算主要有两种方法:一种是多数人采用的固定折旧率,学者们根据研究对象和研究内容的不同设定了不同的折旧率,如胡永泰(1998),孟连、王小鲁(2000)假定采用 5% 的折旧率,而顾乃华、李江帆(2005)则采用 6% 的折旧率,张军等(2004)经过计算得到的各省固定资本形成总额的经济折旧率是 9.6%,龚六堂、谢丹阳(2004)采用了假定折旧率为 10%。从上述的研究中可以看到,都是采用固定折旧率这种方法,很显然是粗糙的,这种处理方法有可能会影响资本存量的估算。鉴于此,另一种是陈诗一(2011)在进行资本存量估算时采用的计算方法——可变折旧率方法,即折旧率随着行业和时期的不同而不同:

累计折旧 $_{it}$ =固定资产原值 $_{it}$ -固定资产净值 $_{it}$

折旧率 $_{it}$ =(累积折旧 $_{it}$ -累积折旧 $_{i(t-1)}$)/固定资产原值 $_{i(t-1)}$

$$(3-12)$$

这里,i 代表行业,t、$t-1$ 代表当期和前期。

第二,计算固定资本新增投资额。从现有的研究来看,计算方法主要有三种:一是采用"积累"的概念进行测算,如张军扩

（1991）、贺菊煌（1992）；二是采用全社会固定资本投资方式，如孟连、王小鲁（2000）；三是比较广泛采用的，如何枫等（2003）、张军（2004）、王文寅和张叶峰（2012），是用固定资本投资和固定资本形成数据。但由于统计年鉴中没有这样的数据，因此，本书借鉴陈诗一（2011）的处理方法，用固定资产原值之差来构造固定资本新增投资额序列，然后，利用工业品出厂价格指数对其进行价格指数平减，最终得到有用的数据，计算公式为：

固定资本新增投资额 $_{it}$ ＝（固定资产原值 $_{it}$ －固定资产原值 $_{i(t-1)}$ ）/固定资产投资价格指数 $_t$

第三，初始资本存量的确定方法。就目前的研究来看，选择的方法很多，有以 1952 年为基期，如张军（2004），这种方法选择的基期较早；有选择 1980 年为基期的，用分行业的固定资产净值平均余额来估算，如陈勇（2006）是用固定资产投资额除以 0.1 得到的基期资本存量；廖翼、唐玉凤（2012）则用 1995 年 3 倍的 GDP 来估计。时间选择得越早，其影响就会越小。本书借鉴已有的研究，把 2000 年各行业固定资产净值作为相应的初始资本存量。

三、随机前沿模型估计结果与分析

1. 制造业整体技术效率的结果分析

以东北地区制造业的 18 个行业为样本，运用上述随机前沿模型的方法以及 Frontier（4.1）软件进行最大似然估计，结果见表 3-5，2001—2011 年的技术效率水平见表 3-6。

表 3-5　随机前沿模型最大似然估计结果

	系数	标准差	t 值
β_0	0.202	0.823	0.246
β_1	1.643	0.403	4.075
β_2	0.773	0.357	2.161
β_3	-0.091	0.057	-1.582
β_4	0.251	0.099	2.539
β_5	-0.171	0.117	-1.463
σ^2	0.151	0.056	2.683
γ	0.679	0.060	11.242
μ	0.641	0.242	2.656
η	0.102	0.009	11.476
对数似然估计值	-37.653		
单侧误差的 LR 检验	716.841		
限制数目	3		

从随机前沿模型最大似然估计结果(见表 3-5)中,我们看到, σ^2、γ、μ 和 η 的拟合效果很好,在 5% 的水平上都通过了检验。$\gamma = 0.679$,表明所选择的数据用随机前沿模型(SFA)进行分析更合适,而且,γ 值显著趋向于 1 而不是趋于 0,表明随机误差的形成原因大部分是来源于技术无效率因素,只有一小部分是来源于外部原因或统计误差。μ 值表明的是技术无效率的情况,本书的 μ 值为 0.641,无效率因素的影响占绝大多数;η 值为正,说明在 2001—2011 年东北地区制造业的技术效率是一种上升趋势,具有收敛性。

表 3-6 的结果分析如下,首先,总的来看,所有样本行业在 2001—2011 年技术效率水平都是上升的,平均增长速度为 12.8%(上一节中,技术效率呈下降趋势,这一点有所不同)。

如果不考虑技术进步的影响,本书的研究结果表明,技术效率对产业升级起到了一定的推动作用,但比较可惜的是,大部分效率损失掉了(70%),这恐怕也是东北地区制造业产业升级缓慢的原因。东北地区技术效率损失的原因很多,离不开环境、社会问题,行业本身的问题也是比较突出的,东北地区国有经济比重过高,主要分布在垄断性和基础性行业,产业转型难度大,经济竞争力不强,市场经济发育不完善,发展方式粗放,生产者的要素利用能力和水平低下等,这些都是效率损失的原因,但更重要的是在改革开放后,东北地区拥有的科研院所、高等院校、科研人才和工程师资源相对丰裕的优势得到了发挥,再加上我国越来越重视创新,通过引进外资带来的溢出效应等诸多因素,都使技术进步有了很大的发展,生产前沿面发生了明显的外移,而企业的管理方式和管理水平却没有得到相应的提高,对科技成果的开发和利用水平也没有得到充分发挥,导致技术效率的提升速度没有赶上技术进步增长的速度,反映出东北地区制造业存在问题的实质,同时也说明,东北地区制造业有较大的空间通过自主开发或引进技术、提高管理水平以及生产要素的利用水平,来实现技术效率的提高。

表3-6 东北地区2001—2011年部分制造业行业的技术效率水平

行业	2001	2002	2003	2004	2005	2006	2007	2008	2009	2010	2011	平均值
食品制造业	0.226	0.261	0.298	0.335	0.372	0.410	0.447	0.483	0.518	0.552	0.585	0.408
饮料制造业	0.104	0.130	0.158	0.189	0.223	0.258	0.294	0.331	0.368	0.406	0.443	0.264
烟草制品业	0.592	0.623	0.651	0.679	0.705	0.730	0.752	0.773	0.792	0.811	0.827	0.721
纺织业	0.028	0.040	0.055	0.073	0.094	0.118	0.145	0.175	0.207	0.242	0.277	0.132

续表

技术效率　行业　年份	2001	2002	2003	2004	2005	2006	2007	2008	2009	2010	2011	平均值
造纸及纸制品业	0.065	0.084	0.107	0.133	0.162	0.193	0.227	0.262	0.298	0.335	0.373	0.204
化学原料及化学制品制造业	0.083	0.106	0.132	0.160	0.191	0.225	0.260	0.296	0.333	0.371	0.408	0.233
医药制造业	0.115	0.142	0.171	0.204	0.238	0.274	0.310	0.348	0.385	0.423	0.459	0.279
化学纤维制造业	0.095	0.120	0.147	0.177	0.210	0.244	0.280	0.317	0.354	0.392	0.429	0.251
非金属矿物制品业	0.038	0.052	0.070	0.903	0.114	0.141	0.170	0.202	0.236	0.272	0.308	0.228
黑色金属冶炼及压延加工业	0.078	0.100	0.125	0.153	0.183	0.217	0.251	0.287	0.324	0.362	0.399	0.225
有色金属冶炼及压延加工业	0.123	0.150	0.180	0.213	0.248	0.284	0.320	0.360	0.395	0.433	0.469	0.289
金属制品业	0.117	0.143	0.173	0.206	0.240	0.275	0.312	0.349	0.387	0.424	0.461	0.281
通用设备制造业	0.041	0.056	0.075	0.960	0.121	0.148	0.178	0.211	0.245	0.281	0.318	0.239
专用设备制造业	0.056	0.745	0.096	0.120	0.148	0.178	0.211	0.245	0.281	0.318	0.355	0.250
交通运输设备制造业	0.124	0.152	0.182	0.215	0.249	0.285	0.322	0.360	0.397	0.434	0.471	0.290
电气机械及器材制造业	0.124	0.152	0.182	0.215	0.250	0.286	0.323	0.360	0.398	0.435	0.471	0.291
通信设备计算机及其他电子设备制造业	0.225	0.260	0.296	0.334	0.371	0.409	0.446	0.482	0.517	0.552	0.584	0.407
仪器仪表及文化办公用品机械制造业	0.226	0.261	0.297	0.334	0.372	0.409	0.446	0.483	0.518	0.552	0.585	0.408
平均值	0.137	0.199	0.189	0.311	0.250	0.282	0.316	0.351	0.386	0.422	0.457	0.300

　　其次,从横截面上看,只有四个行业(占22%)的技术效率水平高于40%,其中最高的是烟草制品业,达到72%,其他的稍高于40%,依次分别是食品制造业(与上一节的结论相同)、通信设备计算机及其他电子设备制造业、仪器仪表及办公用品机

械制造业;其余(占78%)的技术效率水平都低于平均值。这说明东北地区绝大部分行业都有很大的上升空间;另外也说明,东北地区的食品工业和装备制造业①中的一些行业发展基础较好,装备制造业是现代工业的基础,是东北工业的一个有代表性产业,东北地区应借助这样的资源优势和产业优势,大力发展,其发展战略应注重挖掘内部潜力,而不是依赖外延式的投入,努力提高企业的经营管理水平和管理效率,改进管理方法,提高资源的配置能力和使用效率。

最后,从时间序列上来看,在2001年,东北地区18个样本行业平均技术效率为13.7%,之后一直呈平稳上升态势,至2011年达到45.7%,验证了模型估计结果 $\eta > 0$ 的结论。结果表明,东北地区制造业应充满信心,沿着所形成的良性轨道努力挖掘潜力。

我们通过三个省份的比较分析,进一步挖掘地区制造业技术效率问题。

2. 东北地区三个省份制造业技术效率的比较分析

基于一般的柯布-道格拉斯生产函数,我们得到了东北地区每个省份的技术效率,其结果详见表3-7至表3-9,所有的模型在5%的水平上都通过了检验,其实证结果与东北地区的结果相似,测得的技术效率见图3-1和表3-10。

---

① 装备制造业涵盖了金属制品业、通用设备制造业、专用设备制造业、交通运输设备制造业、电气机械及器材制造业、电子及通信设备制造业、仪器仪表及办公用机械制造业等七大类。

表 3-7 黑龙江省随机前沿模型最大似然估计结果

	系数	标准差	t 值
β_0	3.853	0.298	12.913
β_1	0.151	0.177	0.852
β_2	0.548	0.123	4.440
β_3	0.158	0.033	0.482
β_4	−0.129	0.035	−3.711
β_5	0.089	0.036	2.473
σ^2	0.147	0.024	6.267
γ	0.430	0.065	6.628
μ	0.503	0.190	2.645
η	0.095	0.023	4.217
对数似然估计值	−65.551		
单侧误差的 LR 检验	178.58446		
限制数目	3.000		

表 3-8 吉林省随机前沿模型最大似然估计结果

	系数	标准差	t 值
β_0	5.848	0.413	14.155
β_1	0.314	0.164	1.911
β_2	0.364	0.189	1.925
β_3	−0.039	0.030	−1.298
β_4	−0.105	0.066	−1.586
β_5	0.189	0.072	2.617
σ^2	0.962	0.219	4.405
γ	0.956	0.007	137.810
μ	1.918	0.396	4.487
η	0.060	0.008	7.775
对数似然估计值	−31.525		
单侧误差的 LR 检验	246.81634		
限制数目	3.000		

表 3-9   辽宁省随机前沿模型最大似然估计结果

	系数	标准差	t 值
β_0	2.530	0.988	2.559
β_1	0.717	0.481	1.489
β_2	1.620	0.465	3.487
β_3	0.051	0.080	0.631
β_4	0.279	0.106	2.626
β_5	−0.403	0.179	−2.257
σ^2	0.369	0.095	3.880
γ	0.741	0.036	20.814
μ	1.046	0.196	5.346
η	0.078	0.009	8.567
对数似然估计值	−88.75		
单侧误差的 LR 检验	193.35287		
限制数目	3.000		

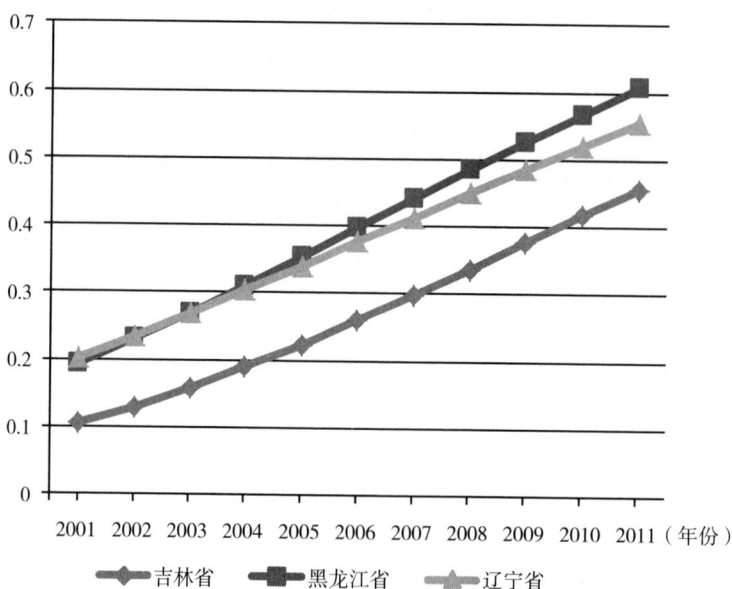

图 3-1   2001—2011 年东北地区各省份制造业平均技术效率水平增长趋势

　　如果以 18 个样本行业来代表东北地区各省制造业技术效率水平,从图 3-1 中可以看见,在 2001—2011 年都呈上升趋势,平均增长速度最快的是吉林省,但由于起点比较低,使发展水平始终处于三省的最后,在最下方;其次为黑龙江省,初始水平虽然略低于辽宁省,但由于发展速度快,使黑龙江省后来居上,从 2004 年起一直位居东北地区第一。

　　行业之间的比较见表 3-10。就平均值而言,平均技术效率水平排在第一的是黑龙江省制造业,其次为辽宁省,吉林省最低,从时间趋势的变化中也证明了这点。从各行业来看,平均技术效率水平最高的是黑龙江省的通信设备计算机及其他电子设备制造业,为 71%,其次是烟草制品业,三个省份的技术效率水平都很高,都在 60%—70%,技术效率水平最低的是吉林省的通用设备制造业,为 17.7%。技术效率水平高于 40% 的行业,辽宁省和黑龙江省都有 6 个,而吉林省只有 2 个。从三个省的比较来看,黑龙江省有 10 个行业的技术效率水平在三个省中最高[1],辽宁省有 8 个行业[2],而吉林省只有 1 个[3],且与黑龙江省并列处于最高水平。很明显,吉林省的劣势是比较突出的。再看支柱产业或优势产业的技术效率水平,辽宁省和黑龙江省比吉林省高出很多,地区差距是较明显的,所以各地区应根据实际情况,制定相应的发展战略。同时说明,在东北三省中,提高吉

---

　　[1]　食品制造业、饮料制造业、烟草制品业、造纸及纸制品业、化学原料及化学制品制造业、医药制造业、化学纤维制造业、黑色金属冶炼及压延加工业、交通运输设备制造业、通信设备计算机及其他电子设备制造业。
　　[2]　纺织业、非金属矿物制品业、有色金属冶炼及压延加工业、金属制品业、通用设备制造业、专用设备制造业、电气机械及器材制造业、仪器仪表及文化办公用品机械制造业。
　　[3]　交通运输设备制造业。

林省制造业的技术效率是解决东北地区的关键，一方面可以产生集群效应，另一方面可以引进竞争机制。

表3-10 东北三省制造业各行业产业地位及2001—2011年平均技术效率水平

	辽宁省		吉林省		黑龙江省	
	产业地位	技术效率	产业地位	技术效率	产业地位	技术效率
食品制造业		0.489		0.295	支柱产业	0.515
饮料制造业		0.353		0.231		0.385
烟草制品业		0.638		0.640		0.684
纺织业		0.252	优势特色产业	0.157		0.179
造纸及纸制品业		0.255		0.181		0.319
化学原料及化学制品制造业	支柱产业	0.309	支柱产业	0.273	支柱产业	0.318
医药制造业		0.421	优势特色产业	0.268	支柱产业	0.423
化学纤维制造业		0.211		0.264		0.651
非金属矿物制品业		0.325		0.178		0.251
黑色金属冶炼及压延加工业	支柱产业	0.292	优势特色产业	0.280		0.350
有色金属冶炼及压延加工业	支柱产业	0.354	优势特色产业	0.254		0.306
金属制品业	支柱产业	0.396	优势特色产业	0.244	支柱产业	0.315
通用设备制造业	支柱产业	0.355	优势特色产业	0.177	支柱产业	0.316
专用设备制造业	支柱产业	0.349	优势特色产业	0.188	支柱产业	0.267
交通运输设备制造业	支柱产业	0.400	支柱及优势特色产业	0.435	支柱产业	0.435
电气机械及器材制造业	支柱产业	0.528	优势特色产业	0.273	支柱产业	0.402

	辽宁省		吉林省		黑龙江省	
	产业地位	技术效率	产业地位	技术效率	产业地位	技术效率
通信设备计算机及其他电子设备制造业	支柱产业	0.488	优势特色产业	0.266	支柱产业	0.710
仪器仪表及文化办公用品机械制造业	支柱产业	0.363	优势特色产业	0.221	支柱产业	0.345
平均值		0.376		0.268		0.398

注：黑龙江省制造业支柱产业为石油化工、装备制造、食品工业和医药工业。石油化工业是化学原料及化学制品制造业的重要组成部分，所以把化学原料及化学制品制造业标为支柱产业；辽宁省制造业支柱产业为装备制造业、冶金、石化和农产品加工业，冶金工业包括黑色和有色金属冶炼及压延加工业两类；吉林省制造业中，汽车和石油化工是支柱产业，装备制造业、光电子信息、医药、冶金、建材、轻工纺织为优势特色产业，汽车工业是交通运输设备制造业的重要组成部分，所以吉林省的交通运输设备制造业既是支柱产业又是优势特色产业。

总的来说，虽然东北地区各省在制定政策时，都给予支柱产业或特色优势产业以相应的支持，但其结果是这些产业的技术效率水平比较低，说明由于过度投资和竞争，他们在选择发展战略时是资本替代劳动，导致技术路径逐渐偏离了要素的自然结构，没有形成内生增长动力，最终，这种低效率很快将技术进步的后发优势消耗殆尽，这正是东北地区制造业产业升级的困境所在。

四、结论与启示

本书通过选择，确定了研究样本为东北地区制造业的18个行业，利用2001—2011年的数据，运用SFA的方法，测算了技术效率水平，为了更深入地分析，进一步对样本行业的技术效率水平在各省之间进行比较，得到如下结论：

第一，东北地区制造业技术效率水平整体上有了较大提升，

2001 年的平均技术效率水平为 13.7%,2011 年达到 45.7%,说明东北地区制造业的企业已经步入到了一个良性成长的轨道,通过不断地提高经营管理水平,使技术效率对产业成长的作用越来越显著。但效率损失依然很严重,平均高达 70%,说明东北地区制造业仍然面临很多突出问题,必须进一步挖掘潜力,不断探索解决问题的途径。

第二,东北地区各省的支柱产业或优势特色产业发展水平并不尽如人意,技术效率都偏低,这一结果说明,虽然政府投入了大量的政策,但似乎并没有取得相应的成效,特别是在高效率模式转型的问题上,这很不利于东北地区的发展,针对这种情况,东北地区制造业的发展,尤其是支柱产业或优势特色产业,就技术效率问题,采取不同的策略,予以解决。

第三,从横截面上来看,虽然东北三省的技术效率水平都呈上升趋势,但之间的差异较大,黑龙江省最高,占据东北地区的鳌头,其次是辽宁省,吉林省最后。同时受地域因素的影响,同一行业在各省之间也存在明显的差异,这有可能是各地区未来经济发展水平不平衡性的根源。

根据以上的分析,借鉴已有的研究,我们发现技术效率水平与经济体制改革日趋完善是相关联的,东北地区制造业的效率损失这么严重,说明政府和企业之间的关系、金融环境、市场经济体制、区域创新系统、国企改革等问题还依然存在,严重影响着企业经营管理水平和先进技术的利用和提高,因此,经济体制改革迫在眉睫。

东北地区制造业技术效率的问题,不仅是行业本身的问题,也是区域经济发展中存在的问题,为了探究制造业技术效率的实际水平,本书通过对我国 30 个省份和八大综合经济区技术效率进行分析以进一步挖掘。

第三节　中国地区技术效率的比较分析

在我国,技术效率水平的区域差距是显著的,众多的研究表明,东部沿海地区的水平高于中西部,关于这一点,学者们的观点比较一致。但在变动趋势与收敛性方面,不同的学者研究结论是不同的,如吴诣民和张凌翔(2004),利用 SFA 方法测量了各个省份五年的技术效率水平,认为我国各地区的技术效率水平不高,有小幅增长,存在收敛性。赵伟等(2005)利用 DEA 方法,得到了 1980—2003 年各省的技术效率水平,结论是:各省之间的技术效率存在显著的收敛性。于君博(2006)采用了两种方法:SFA 方法和 Malmquist 指数法,在 SFA 方法中,认为各省的平均技术效率水平在进入 20 世纪 90 年代中期以后都存在下降的趋势。石风光和周明(2011)采用超效率 DEA 模型,运用 1985—2007 年各省的面板数据,对技术效率进行了测算,结论与于君博(2006)有类似之处,发现自 1990 年以来平均技术效率水平各省都有下降趋势;收敛性检验的结果表明,在沿海地区和东北地区有收敛趋势,而在全国范围和西部地区却具有发散性。

进一步的研究发现,他们对变量的估算和处理方法有差异,首先,关于人力资本存量,有人直接用相关指标替代,比如于君博(2006)用社会总就业人员数;也有人将其转换成人力资本,比如岳书敬(2006),他把各省的历年从业人员数乘以平均受教育年限,虽然有了一定的科学性,但却没有充分考虑人力资本的异质性,而是将人力资本作为一个"均质"的整体,其结果是使技术效率值偏高。其次,关于基期的选取问题,通过对国内相关问题的研究,发现很多学者都是用1978年作为基期,甚至更早的年份,其实,在改革开放以前甚至到改革开放初期,各省的价格水平不具有可比性,因此,基期的选择就缺乏科学性。最后,关于缺失数据的处理方法,在现有的研究中,大多数把缺失数据的省份直接从样本中去掉,诸如于君博(2006),排除了海南省、四川省、重庆市以及西藏自治区。① 周晓艳和韩朝华(2009)在研究中没包括海南省。而何枫等(2004)、朱承亮等(2011)把数据缺失比较严重的西藏自治区直接删掉。石风光和周明(2011)删掉了两个省份:西藏自治区和海南省。从实际情况来看,这些省份的发展水平和技术效率水平都排在全国后面,低于全国平均水平,这样处理的结果势必会使其他省份的技术效率水平偏高,不符合实际。

正是由于存在以上问题,本书进行了如下的尝试,用来验证变量的估算和处理方法的重要性:第一,对于人力资本存量,本书克服了以上的缺陷,充分考虑了异质性,采用教育回报率的方法,体现出具有不同教育背景的劳动力(受教育程度不同)当接受同样一年的教育时,转换成人力资本存量是有差异的这一实际情况;第二,对地区生产总值这一指标,通过不断的核实,保证了数据的准确无误,同时进行了消除价格影响的相应处理,有利于比较;第三,关于资本存量的处理,本书参考了国内外的大量

---

① 海南省是1988年建省;四川省和重庆市在1997年后分别统计,西藏自治区资料缺失较多。

文献,经过综合考虑,决定对单豪杰(2008)的资本存量数据(截止到 2006 年)进行延展,至 2010 年,验证之后,认为比较精确,也是目前国内延展最长的了,同时也按照 1996 年不变价格进行了折算;第四,对缺失数据的省份,没有采用上述的处理方法,而是进行了相应的补足,保证了测算结果符合实际。

经过上述的改进,能在一定程度上保证本书测量结果的科学性,本书分析了各省和八大综合经济区①技术效率水平的差距、变动趋势及其收敛性,据此得出了有意义的结论。

一、模型的建立

测量技术效率的方法如前所述,关于模型,本书采用柯布—道格拉斯生产函数,样本是 30 个省份的 1996—2010 年的面板数据,具体如下:

$$\mathrm{Ln}Y_{it} = \beta_0 + \beta_1 \mathrm{Ln}K_{it} + \beta_2 \mathrm{Ln}L_{it} + \nu_{it} - \mu_{it}$$

$$\mathrm{TE} = \exp(-\mu_{it}) \tag{3-13}$$

$$\mu_{it} = \exp\left[-\eta \times (t - T)\right] \times \mu_i$$

$$\gamma = \sigma_\mu^2 / (\sigma_\mu^2 + \sigma_\nu^2)$$

模型中:Y 代表产出,L 代表劳动投入,K 代表资本投入,i 代表省份,t 代表时间。TE 表示生产单位的技术状态,β_0、β_1、β_2 以及 η、μ 和 γ 均为有待估计的参数,其含义与前文相同。

---

① 八大综合经济区分别是:北部沿海综合经济区(北京、天津、河北、山东)、东部沿海综合经济区(上海、江苏、浙江)、南部沿海经济区(福建、广东、海南)、黄河中游综合经济区(陕西、山西、河南、内蒙古)、长江中游综合经济区(湖北、湖南、江西、安徽)、大西南综合经济区(云南、贵州、四川、重庆、广西)、大西北综合经济区(甘肃、青海、宁夏、西藏、新疆)、东北综合经济区(辽宁、吉林、黑龙江)。

二、数据来源与变量说明

本部分使用的样本为我国 30 个省份,其中,将已经作为直辖市的重庆市并入四川省①,样本时间是 1996—2010 年。

1. 产出

用地区生产总值(GDP)来代表产出。GDP 数据的选取经过了两步,最终得到的数据比较精准。一是使用 2012 年《中国统计年鉴》获取全国 GDP 数据,而不是当年的统计年鉴,避免使用初步核实数据;二是用 2004 年的经济普查数据校对了 2001—2003 年各省的 GDP 数据,用 2008 年经济普查数据校对了 2005—2008 年各省的 GDP 数据。最后,都按 1996 年的不变价格进行了转换,消除了价格因素的影响。

2. 劳动投入

用人力资本存量来代表劳动投入。本书在充分研究国内外相关文献的基础上,发现明瑟(1972)借鉴斯密的"补偿原理"建立了人力资本收益率模型,该模型能有效区分具有不同教育背景的劳动力获得的人力资本存量存在差异这一情况。考虑教育回报率计算人力资本存量的公式为:

$$H_t = \sum_i H_t^i = \sum_i L_t^i \times e^{\varphi(i)} \tag{3-14}$$

式中,H 为人力资本存量,L 为适龄劳动力人口数,i 表示受教育程度,t 表示年份,$e^{\varphi(i)}$ 是教育系数,这个系数是由明瑟教育回报率决定的。

———————

① 在后文叫重庆和四川。

首先,对受教育年限进行赋值。从现有的研究来看,对于不同受教育程度人群的教育年限的确定有不同的方法,通过阅读大量的文献,结合现行的教育制度,本书对受教育年限的赋值见表3-11。

表3-11　受教育年限和教育回报率的赋值

受教育程度		受教育年限(年)	教育回报率(%)
小学		6	18
初中		3	13.4
高中		3	
大学及以上	大专	4	15.1
	研究生		

从表3-11中可以看到,对于受教育程度为大学及以上的,我们认为既指大专教育,也包括研究生教育,所以把受教育年限确定为4年。这里特别提到的是文盲与半文盲的劳动者群体,在传播媒介已经很普及的今天,没有真正的文盲,把其受教育年限确定为1—2年的中间,即受过1.5年的小学教育。因此,把上面的模型写成具体的形式为:

$$H = l_1 e^{r_1 \times 1.5} + l_2 e^{r_2 \times 6} + l_3 e^{r_2 \times 6 + r_3 \times 3} + l_4 e^{r_2 \times 6 + r_3 \times 3 + r_4 \times 3} +$$
$$l_5 e^{r_1 \times 6 + r_2 \times 3 + r_3 \times 3 + r_5 \times 4}, \quad l_i = L \times s_i \tag{3-15}$$

(3-15)式中,l表示受教育年限的从业人员数,L表示该省的从业人员总数,1表示文盲半文盲,2表示小学教育,3表示初中教育,4表示高中教育,5表示大专及以上教育,r_i表示不同受教育程度的教育回报率,s表示某一教育程度的从业人员占从业人员总数的比重。

各省从业人员总数是从 1997—2011 年《中国统计年鉴》中获得的,不同受教育程度的从业人员数,是用该省从业人员数总量乘以式(3-15)的 s 得到的,而关于缺失的年份,是通过查找其他的数据库补足的,比如福建、云南两省份 2006 年的数据,通过两条途径补足:一是通过国泰安数据库;二是利用地方统计年鉴。[①]

区域从业人员受教育程度情况,即(3-15)式中的 1、2、3、4、5,是从《中国统计年鉴》与《中国劳动统计年鉴》中获得的,它们来自分地区全国就业人员受教育程度构成指标,还有分地区从业人员接受教育分组构成指标,但是 2000 年的数据是缺失的,本书采用的方法是使用相邻年份年均增长率来代替。

教育回报率,目前学者有很多研究,但还没有一个公认的结果,比较一致的看法是关注其变化而非"一致性"。本书借鉴萨卡洛普洛斯(Psacharopoulos,1994)的研究[②],对于不同受教育程度的劳动者,确定的教育回报率见表 3-11。这类似于李和罗(Li 和 Luo,2004)利用 GMM 估计所得的结果。

从表 3-11 中可以看到,初中阶段和高中阶段的教育回报率是等同的,大专及以上教育也是等同的,所以,这种估算方法在一定程度上比较粗糙。

3. 资本投入

资本投入用资本存量来代表,而资本存量的计算都是根据

[①] 主要指 2012 年的《福建统计年鉴》、2008 年的《云南统计年鉴》。
[②] 萨卡洛普洛斯(1994)对全球教育回报率长期跟踪分析得到了 1994 年以及 2004 年的估算结果。

戈登·史密斯(1951)的永续盘存法,得到 30 个省的资本存量,公式如下:

$$K_{it} = K_{i(t-1)}(1 - \delta) + I_{it} \qquad (3-16)$$

(3-16)式中,K 表示资本存量,δ 为折旧率,I 为投资额,i 表示省份,t 表示时间。

本书是这样进行的:在研究范围(1996—2010 年)内,关于 2006 年以前的资本存量数据,本书只是将单豪杰的估算结果按照 1996 年的不变价格进行了相应的处理。而 2006 年之后的数据,按照永续盘存法,在年折旧率为 10.96% 的假定下,利用 2007—2011 年《中国统计年鉴》,查找国民经济和社会发展总量和速度指标、各省份资本形成总额及构成中的数据,进行了推算。为了使估算结果精准、与单豪杰的估算结果保持一致,对于各年份固定资本形成总额指标,没有使用当年值(当年值为初步核实数值),均采用后一年修正的数据。关于固定资本形成指数,主要是来自《中国国内总值核算历史资料 1952—2004》,之后的数据,用各省的固定资产投资价格指数来进行替代。关于重庆和四川数据的获得,本书是将历年固定资本形成总额按照各自的价格指数进行平减,得到各自的资本存量,再将其加总。对于缺失数据较严重的西藏地区的处理,我们是选择新疆和青海两省份,因为它们之间的经济发展水平较接近,通过计算它们的投资价格指数的算数平均值得到。

三、随机前沿模型估计结果与分析

对上述模型,利用上述数据进行拟合,运用 Frontier(4.1)进行最大似然估计,结果见表 3-12。

表 3-12　模型最大似然估计结果

	系数	标准差	t 值
β_0	-1.213	0.142	-8.560***
β_1	0.723	0.011	68.167***
β_2	0.365	0.020	17.949***
σ^2	0.047	0.019	2.494***
γ	0.915	0.035	26.319***
μ	0.240	0.069	3.452***
η	-0.005	0.004	-1.352***
对数似然估计值	533.619***		
单侧误差的 LR 检验	716.840***		
限制数目	3.000		

注: *** 表示在 1% 水平下显著。LR 为似然比检验统计量,此处 LR 统计值服从混合卡方分布,限制条件数为 3。

1. 随机前沿模型的结果分析

从表 3-12 中可以看到,所有参数 β_0、β_1、β_2、σ^2、γ、μ、η 的显著性水平都非常高,说明模型拟合得较好。$\gamma = 0.951$,显著趋于 1,LR 统计量的显著性水平也非常高,说明模型中误差项的设计是合理的,应该是复合结构,同时说明采用随机前沿模型更适合现有的数据,且存在技术效率损失;η 值为负,表明各省的技术效率呈现明显的随时间收敛的退步状态。

为了提取更多的信息,我们又分析了规模报酬的情况,从表 3-12 中可以看到,资本和劳动的产出弹性分别为 0.723 和 0.365,两者之和明显大于 1,表明各省的要素投入规模报酬是递增的,而且资本投入仍然起着主要的推动作用,尽管我们充分考虑了人力资本的作用。

2. 各省的技术效率及比较分析

各省 1996—2010 年技术效率水平结果见表 3-13。首先，全国技术效率的平均值为 82.1%，有效率损失，损失了 17.9%，结果表明，在我国，所投入的要素并未完全有效转化为产出，必须努力寻找提高技术效率水平的有效途径。高于全国平均水平的有 10 个省份[①]，东北地区两省份位于其中，其余 20 个省份低于全国平均水平，东北地区有一个省份——吉林省，这一点与上一节的分析结果类似。

表 3-13 中国大陆省级行政区域 1996—2010 年部分年份的
技术效率水平及其平均值

技术效率 区域 \ 年份	1996	1997	1998	2000	2001	2002	2004	2005	2006	2008	2009	2010
北 京	0.671	0.670	0.668	0.666	0.664	0.663	0.660	0.659	0.657	0.654	0.653	0.651
天 津	0.945	0.945	0.945	0.944	0.944	0.944	0.943	0.943	0.942	0.942	0.942	0.941
河 北	0.768	0.766	0.765	0.763	0.762	0.761	0.759	0.758	0.757	0.755	0.754	0.753
山 西	0.744	0.743	0.742	0.740	0.739	0.738	0.735	0.734	0.733	0.731	0.729	0.728
内蒙古	0.702	0.701	0.700	0.697	0.696	0.695	0.692	0.691	0.689	0.687	0.685	0.684
辽 宁	0.887	0.887	0.886	0.885	0.884	0.884	0.883	0.882	0.882	0.881	0.880	0.879
吉 林	0.815	0.814	0.813	0.811	0.811	0.810	0.808	0.807	0.806	0.804	0.803	0.802
黑龙江	0.943	0.942	0.942	0.941	0.941	0.941	0.940	0.940	0.940	0.939	0.939	0.938
上 海	0.983	0.983	0.983	0.983	0.983	0.982	0.982	0.982	0.982	0.982	0.982	0.982
江 苏	0.895	0.894	0.894	0.893	0.892	0.891	0.890	0.890	0.889	0.888	0.888	0.887
浙 江	0.850	0.849	0.849	0.847	0.846	0.846	0.844	0.844	0.843	0.841	0.841	0.840
安 徽	0.791	0.790	0.789	0.787	0.786	0.785	0.783	0.782	0.781	0.779	0.778	0.777
福 建	0.975	0.975	0.975	0.974	0.974	0.974	0.974	0.974	0.974	0.973	0.973	0.973
江 西	0.812	0.811	0.810	0.808	0.808	0.807	0.805	0.804	0.803	0.801	0.800	0.799

---

① 这 10 个省份分别是上海、广东、福建、天津、黑龙江、江苏、辽宁、山东、浙江、湖北。

续表

技术效率 年份 区域	1996	1997	1998	2000	2001	2002	2004	2005	2006	2008	2009	2010
山　东	0.869	0.869	0.868	0.867	0.866	0.865	0.864	0.864	0.863	0.862	0.861	0.860
河　南	0.681	0.680	0.679	0.676	0.675	0.673	0.671	0.669	0.668	0.665	0.664	0.662
湖　北	0.827	0.826	0.826	0.824	0.823	0.822	0.821	0.820	0.819	0.817	0.816	0.816
湖　南	0.773	0.772	0.771	0.769	0.768	0.767	0.765	0.764	0.762	0.760	0.759	0.758
广　东	0.980	0.980	0.980	0.980	0.980	0.980	0.979	0.979	0.979	0.979	0.979	0.979
广　西	0.767	0.766	0.765	0.762	0.761	0.760	0.758	0.757	0.756	0.754	0.753	0.752
海　南	0.675	0.673	0.672	0.669	0.668	0.667	0.664	0.662	0.661	0.658	0.657	0.655
重庆与四川	0.621	0.619	0.618	0.615	0.613	0.611	0.608	0.607	0.605	0.602	0.601	0.599
贵　州	0.531	0.529	0.527	0.524	0.522	0.520	0.517	0.515	0.513	0.510	0.508	0.506
云　南	0.694	0.693	0.691	0.689	0.687	0.686	0.683	0.682	0.681	0.678	0.676	0.675
西　藏	0.702	0.701	0.700	0.697	0.696	0.694	0.692	0.690	0.689	0.687	0.685	0.684
陕　西	0.623	0.622	0.620	0.617	0.616	0.614	0.611	0.609	0.608	0.605	0.603	0.602
甘　肃	0.767	0.766	0.765	0.763	0.762	0.761	0.758	0.757	0.756	0.754	0.753	0.752
青　海	0.675	0.673	0.672	0.669	0.668	0.666	0.664	0.662	0.661	0.658	0.657	0.655
宁　夏	0.590	0.589	0.587	0.584	0.582	0.581	0.578	0.576	0.574	0.571	0.569	0.568
新　疆	0.666	0.665	0.663	0.661	0.659	0.658	0.655	0.654	0.652	0.649	0.648	0.646
全国平均	0.823	0.823	0.823	0.823	0.822	0.822	0.822	0.821	0.821	0.819	0.817	0.816

注：全国的平均值是以各省级行政区域实际的GDP作为权重加权平均求得的。

其次，从横截面上看，上海是技术效率水平最高的地区，为98.2%，是非常符合实际的。高于90%的省份还有广东、福建、黑龙江，东北地区有一个省份挤入前列，它们的实际产出与最大产出比较接近，因此，这些地区的发展战略应该不同于其他地区，应注重创新系统培育，促进技术进步，使生产的可能性边界外移。然后，通过挖掘内部潜力，提高技术效率。技术效率低于60%的省份有宁夏、贵州，他们的发展战略应该是首先力争挖掘内部潜力，提高技术效率，而不应采取外延式的发展方式，比如增加投入等方式。辽宁省和吉林省处于中等水平，其发展战略既要追求技术进步,同时也要采取通过提高管理水平来挖掘技术效率潜力这种发展战略。通过各省技术效率水平的比较,我们可以看到,由于差距较大,今后在各自的发展过程中,应根据实际情况,采取相应的发展战略,发挥自己的比较优势。最后,从时间序列方面进行分析,所有的省份及全国平均都呈下降趋势,平均来看,从 1996 年的 82.3% 下降到 2010 年的 81.6%,这与于君博(2006)、石风光等(2011)、舒元等(2007)的研究结论是相同的;同时,发现不同层次的技术效率水平地区的下降速度是不同的,水平高的地区明显慢于水平低的地区,说明各地区技术效率的差距有拉大的趋势。

3. 八大综合经济区技术效率及比较分析

国务院发展研究中心发表的报告中指出,"十一五"期间改变内地区域的划分方法,主要分为东部、中部、西部、东北四大板块,同时将四个板块划分为八大综合经济区。它们的技术效率水平见表 3–14。

表 3–14 八大综合经济区 1996—2010 年部分年份的
技术效率水平平均值

技术效率\年份 区域	1996	1997	1998	2000	2001	2003	2004	2005	2006	2008	2009	2010
北部沿海综合经济区	0.821	0.820	0.819	0.818	0.817	0.816	0.816	0.816	0.816	0.816	0.816	0.816
东部沿海综合经济区	0.900	0.900	0.899	0.898	0.898	0.896	0.896	0.895	0.894	0.893	0.893	0.892
南部沿海经济区	0.966	0.967	0.967	0.967	0.967	0.967	0.967	0.967	0.967	0.967	0.967	0.966

续表

技术效率 区域＼年份	1996	1997	1998	2000	2001	2003	2004	2005	2006	2008	2009	2010
黄河中游综合经济区	0.686	0.685	0.684	0.681	0.679	0.677	0.676	0.675	0.674	0.671	0.669	0.667
长江中游综合经济区	0.801	0.800	0.799	0.797	0.796	0.794	0.793	0.792	0.791	0.789	0.789	0.788
大西南综合经济区	0.657	0.655	0.654	0.651	0.649	0.646	0.645	0.643	0.642	0.639	0.637	0.636
大西北综合经济区	0.696	0.695	0.694	0.691	0.690	0.688	0.686	0.685	0.684	0.681	0.679	0.678
东北综合经济区	0.893	0.892	0.892	0.890	0.890	0.889	0.888	0.887	0.886	0.884	0.883	0.882

注:综合经济区的技术效率是以包含各省级行政区域实际的 GDP 作为权重加权平均求得的。

整体来看,在研究期间,技术效率水平最高的地区是南部沿海经济区,平均为 97%,第二是东部沿海综合经济区,排在第三位的是东北综合经济区,处于中等水平,后面依次为北部沿海和长江中游综合经济区,再后面的大西北、黄河中游和大西南综合经济区,平均技术效率都低于 70%,正如胡求光、李洪英(2011)所研究的那样,区域差距是显著的。

时间序列的分析表明,发展趋势存在个案,南部沿海经济区有上升的过程,其余都呈下降趋势,但下降的速度存在差异,下降速度的大小与技术效率水平的高低相反,这一点与各省的结论是一致的。

四、区域技术效率的收敛性分析

1. β-收敛和 σ-收敛方法简介

本书借鉴巴罗与萨拉伊马丁(Barro 和 Sala-I-Martin)的研

究方法,主要有 β -收敛和 σ -收敛方法。β -收敛是指在较高经济系统中初期人均产出指标的增长率低于较低经济系统的增长率,呈现逐渐收敛的状态。σ -收敛是指相对人均收入差异程度在不同发展水平的经济系统中呈现缩小的发展趋势。β -收敛的检验方程是:

$$\frac{1}{T-t}\log(\frac{y_{iT}}{y_{it}}) = \alpha + \frac{1-e^{-\beta(T-t)}}{T-t}\log(\frac{\hat{y}^*}{y_{it}}) + \mu_{it} \qquad (3-17)$$

(3-17)式中,t 和 T 分别代表期初和期末时间,i 代表区域,y_{it} 和 y_{iT} 分别代表期初和期末的发展水平,这里为技术效率水平,$\hat{y}^*$ 为稳定状态的技术效率水平,μ_{it} 为随机扰动项。β 代表收敛速度,含义是 y_{it} 趋于 $\hat{y}^*$ 的速度,β 前的负号表明水平比较低的区域的增长速度快于水平比较高的区域,所以,如果 $\beta > 0$,表示区域间具有收敛性,如果 $\beta < 0$,则表示区域间具有发散性。

本书根据实际情况,针对技术效率问题,将模型做了简单变换,假设理想的技术效率水平($\hat{y}^*$)= 1,即假设理想的产出在生产前沿面上,这样,β -收敛的检验方程变为:

$$\frac{1}{T-t}\log(\frac{y_{iT}}{y_{it}}) = \alpha + \pi \frac{\log y_{it}}{T-t} + \mu_{it} \qquad (3-18)$$

其中,β 系数由式(3-19)来确定:

$$\pi = -(1-e^{-\beta(T-t)}) \qquad (3-19)$$

关于 σ -收敛的检验,本书用变异系数 V_t 的变化趋势来衡量,如果 $V_{t+T} < V_t$,则认为区域间随着时间的变化具有 σ -收敛性。

2. 收敛的检验方法之一——β -收敛

本书的检验对象是 30 个省份、八大综合经济区间和八大综合经济区内,具体结果见表3-15。

表3-15　*β*-收敛的实证结果

	各省级行政区域	八大综合经济区间	八大综合经济区内							
			北部沿海	东部沿海	南部沿海	黄河中游	长江中游	大西南	大西北	东北
t值	2173.41	7.3798	534.68	272.14	1752.4	1236.8	381.14	1806.31	500.61	218.41
R^2值	0.999994	0.900763	0.999993	0.999986	1.000000	0.999999	0.999986	0.999999	0.999988	0.999979
F值	4723706	54.46137	285885.0	74059.31	3070898	1529676.	145266.8	3262736	250606.8	47703.05
DW	1.49	1.68	2.31	2.95	2.48	3.26	3.18	2.07	2.47	1.35
*β*值(%)	-0.4806	-0.4982	-0.4811	-0.4804	-0.4808	-0.4808	-0.4822	-0.4813	-0.4791	-0.4801
收敛性	否	否	否	否	否	否	否	否	否	否

从表3-15中可以发现,所有的*β*值均为负数,且通过了显著性检验,说明无论是30个省份间,还是八大综合经济区间、八大综合经济区内都不存在收敛性,而是趋于发散。

3.收敛的检验方法之二——*σ*-收敛

图3-2是关于30个省份的变异系数的变化趋势,而八大综合经济区内的变化趋势见表3-16。

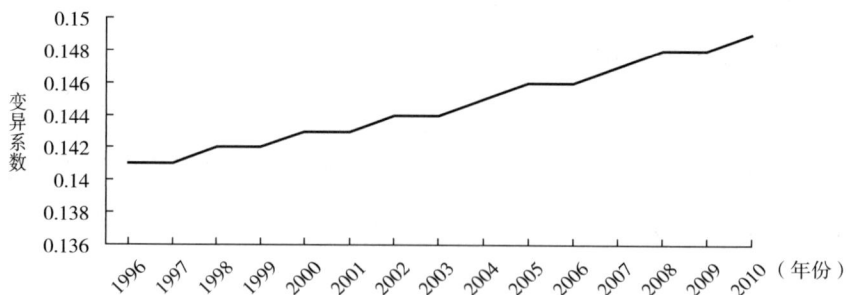

图3-2　1996—2010年各省级行政区域变异系数趋势

表 3-16　八大综合经济区间 1996—2010 年部分年份的变异系数

变异系数 V_t	1996	1997	1998	2000	2001	2002	2004	2005	2006	2008	2009	2010
北部沿海综合经济区	0.097	0.097	0.098	0.099	0.100	0.101	0.101	0.101	0.102	0.103	0.103	0.103
东部沿海综合经济区	0.054	0.054	0.054	0.055	0.055	0.056	0.056	0.056	0.056	0.056	0.056	0.056
南部沿海经济区	0.062	0.061	0.061	0.061	0.061	0.060	0.059	0.059	0.059	0.059	0.060	0.061
黄河中游综合经济区	0.053	0.053	0.054	0.055	0.055	0.056	0.056	0.056	0.056	0.056	0.056	0.057
长江中游综合经济区	0.027	0.027	0.028	0.028	0.028	0.028	0.028	0.029	0.029	0.029	0.029	0.029
大西南综合经济区	0.106	0.106	0.107	0.109	0.109	0.110	0.111	0.112	0.112	0.114	0.114	0.114
大西北综合经济区	0.081	0.082	0.082	0.084	0.084	0.085	0.085	0.086	0.086	0.087	0.088	0.089
东北综合经济区	0.051	0.051	0.051	0.052	0.052	0.053	0.053	0.053	0.053	0.054	0.054	0.055

注:各综合经济区的平均值和标准差都是以各省级行政区域实际的 GDP 作为权重加权平均求
　得的。

　　由图 3-2 可以看出,各省份的变异系数由 0.141 上升到 0.149,很显然是一种扩大趋势;从表 3-16 的结果来看,南部沿海经济区具有收敛趋势,但不显著,而其他七个经济区的变化特征都是扩大的,与各省情况一样,不存在 σ -收敛。

　　综合上述分析,我们可以认为,在我国技术效率水平是不存在收敛性的,无论是用哪种检验方法,针对哪些检验对象,只有南部沿海经济区内部具有特殊性。

五、结论

本部分利用 SFA 方法,对我国各省及八大综合经济区的技术效率进行了测算,发现差距是明显的,这与区域的初始条件、资源禀赋以及文化观念有关,同时也是区域政策或制度偏倚的结果。本书利用 1996—2010 年各省或八大综合经济区的面板数据,对其技术效率进行了测算,并进行收敛性检验,结论为:第一,从整体上看,我国的技术效率是有损失的,平均为 17.9%,各省份技术效率损失的极差超过 30%,区域差距较大;八大综合经济区技术效率损失的极差超过 20%,相对较小。第二,技术效率水平的时间序列趋势是下降的,下降速度存在区域差距,结果使技术效率水平的区域差距有扩大趋势。第三,就东北地区而言,技术效率总体处于中上等水平,在各省份的技术效率水平排名中黑龙江省跻身前列,高于 90%,辽宁省次之,高于全国平均水平,最低为吉林省,略低于全国平均水平,可见东北地区内部是存在差距的,与发达地区也存在差距。第四,在对各省、八大综合经济区间以及八大综合经济区内进行收敛性检验时,发现都是不存在的。

分析上述结果形成的原因,我们认为,第一,由于经济增长方式的问题,我国存在技术效率损失是必然的,技术效率的差距除与各地区的资源禀赋文化不同有关外,还与外在环境有关,我国实行的区域发展战略是非均衡的,因此各地区享受的优惠政策不同,这样生产要素聚集的程度就不同,技术效率的差异也就成了必然。第二,众所周知,改革开放以来,我国采取的是引进外资的政策,这样,随着国家越来越重视创新,以及出台了很多促进技术进步的政策,势必会造成各地区的前沿生产函数不断地前移,而影响技术效率提升的不利因素还没有被克服,导致各区域技术效率呈下降的趋势。

本章通过对制造业全要素生产率增长率进行分解以及对制造业技术效率和地区技术效率的测算,发现:第一,利用 DEA-Malmquist 方法,对东北地区制造业全要素生产率增长率进行分解,技术进步呈上升趋势,说明生产前沿面不断外移,而技术效率水平呈下降趋势,存在效率损失现象,进一步的研究表明,损失部分是由纯技术效率和规模效率共同作用的结果;而轻工业的全要素生产率增长水平明显高于重工业,说明东北地区制造业的技术成长轨迹还处于发展阶段,优势产业的发展只是发挥了资源优势,没有形成技术优势。第二,利用随机前沿方法测量的制造业技术效率水平,其发展趋势是上升的,这点虽然与上述结论有所差异,但效率损失很大这一点是相互支持的,无效率因素平均高达 70%,值得注意的是,绝大部分支柱行业或优势特色产业技术效率水平偏低,这可能是东北现象产生的根源。第三,在我国各地区都存在技术无效率因素,且区域差距较大,还不具有收敛性,其中,东北地区的技术效率总体处于中上等水平,黑龙江省的技术效率水平最高,高于 90%,辽宁省次之,高于全国平均水平,最低为吉林省,略低于全国平均水平。

本章的研究,从全要素生产率增长率分解和技术效率角度揭示了东北地区依靠技术创新推动产业升级存在的问题,查找出了问题的成因。

第四章　促进技术创新政策的问题分析

从创新政策的演化历程来看,本部分所探讨的技术创新政策与科学政策、技术政策、创新政策有着相互重合的部分,是随着时代的变化而变化的。总的来说,就是政府为促进技术创新实现,或者说为促进科学知识和技术的产生及其扩散,出台的一系列公共政策。本书主要针对科技政策和创业风险投资引导基金政策进行评价,分析这些政策存在的问题,然后就产业创新政策的相关问题进行探讨。

第一节　我国科技政策的演进特征和问题分析

科技政策作为政府引导、激励、支持、调整创新活动以及成果应用的工具,已经引起各国的高度重视,由于科技活动的复杂性,科技政策制定主体的多元性,造成了科技政策的复杂性和多面性,纵观科技政策的演进历程,首先出现的是科学政策,随后,基于经济发展的目标,逐渐收敛于"科学—技术—创新"范式,虽然科技政策的发展演化历程同科技实践是高度协同的,但科技政策的效果如何,是否满足了科技活动的要求,这些问题的出现,使科技政策研究成了热点领域。

中国的科技政策从无到有,也经历了"科学—技术—创新"这一演变历程,根植于中国的政治和文化,形成了有别于其他国家的特色,但同时也产生了很多问题,尤其是随着不同类型科技政策的陆续出台,政策的协调性和有效性问题引起了人们的关注,这也是本书研究的出发点。关于科技政策的评价研究,大多采取定性分析,是从经济学的视角进行的,比如刘会武和王胜光(2009)用包括国家创新战略、政策需求、政策供给以及政策评价的政策分析"钻石模型",对我国创新政策进行了系统化评价;詹正茂和舒志彪(2010)从综合性视角出发,对我国2006—2008年出台的各类创新政策进行了全面的总结,并从财税政策、金融政策等六个方面进行了详细分析;朱正奎(2013)对新中国成立以来的科技创新政策进行了文本及实施效果的分析,得出我国科技创新能力落后于经济发展的结论。也有的学者是从定量角度进行的评价,比如刘凤朝和孙玉涛(2007)从《国家促进自主创新的政策分析与研究》报告中梳理出289项创新政策,采用统计分析的方法进行研究,得出了我国1980—2005年科技政策的演变特征及趋势。但是,他们的分类标准和统计方法不同于本书。

本书首先参考大多数学者的分类标准,在充分考虑创新政策演进历程的基础上,对科技政策进行了分类,分为政策效力、政策目标和政策工具三个维度,并进行了细化;其次,对1985—2017年颁布的726条政策,按照上述分类标准,借鉴彭纪生等的赋值方法,对科技政策进行了量化;最后,从科技政策颁布的数量和效力角度,对政策目标和政策工具进行了评价,找到了科技政策没有充分发挥作用的问题所在,为科技政策的进一步调整和优化提供借鉴。

本书的显著之处在于:评价的科技政策是1985—2017年的科技政策,数量较多、历时较长,因而对问题的认识更充分;本书是通过对政策进行分类,基于对技术创新的影响,从政策的数量、协调性和效力方面进行统计分析,有别于其他研究。

一、科技政策的分类

政策的评价常常涉及科技政策分类问题,至今虽然没有一个能够比较不同国家科技政策的关键政策维度,但是,费瑞塔斯和坦泽尔曼(Freitas 和 Tunzelmann,2008)两位学者通过回顾相关研究成果,认为科技政策一般都分为政策目标、政策执行、政策工具三个维度。约翰松等(Johansson 等,2007)将创新政策工具分为一般性政策工具和特定性政策工具。一般性政策工具包括制度、基础设施、激励、教育与培训、国际贸易、劳动市场、金融市场、公司等,特定性政策工具包括创新系统、R&D、商业化、政府采购等。

知识作为创新的基础,已经得到各国政府的认同。因此,围绕知识经济问题都制定了较为整体和系统性的科技政策,目的在于促进知识的生产和扩散。基于演化范式的技术创新政策认为,制定政策的目的在于支持技术和科学知识的生产、利用和扩散(Oltra,1999),主要分为三类:激励研究的政策、激励企业技术创新的政策以及作用于选择机制水平上的政策。罗斯韦尔和泽格维尔德(Rothwell 和 Zegveld,1985)依据政策工具对科技活动产生影响层面的不同,将政策工具分为供给、环境和需求三种类型。供给面政策工具包括:人力资源培养、信息支持、技术支持、资金支持、公共服务。环境面政策工具包括:财务金融、租税优惠、法制管制、策略性措施。需求面政策工具包括:政府采购、外包、贸易管制、海外机构。可见,创新政策所包括的范围是非常广泛的。

国内学者彭纪生(2008)根据政策体现的目标和措施的不同进行了分类。政策目标主要有:知识产权保护、外资引进、技术引进、消化吸收、创新、科技成果转化。政策措施主要有:行政措施、金融外汇措施、财政税收措施、其他经济措施、人事措施。刘凤朝和孙玉涛(2007)根据《国家促进自主创新的政策分析与研究》报告,梳理的 289 项创新政策,将其分为效力和类别两个维度,效力分为法律、行政法规和部门规章,类别包括科技政策、产业政策、财政政策、税收政策、金融政策。张楠等(2010)将2006—2008 年出台的《发展纲要》配套政策 74 项,分为 11 类,包括科技投入、税收激励、金融支持、政府采购、知识产权、统筹协调、教育科普、人才队伍建设、基地与平台建设、引进消化吸收再创新等。伍鸿儒和胡昌德(2010)以 1998—2008 年国家颁布的与科技创新最为相关的共计 273 条技术创新政策为选择样本,将其细分为科技奖励、科技成果管理及推广、高新技术企业建设、高新技术企业的财税金融管理、知识创新环境法规、知识创新环境法律、科技体制改革 7 类。詹正茂和舒志彪(2010)通过对 2006—2008 年我国政府出台的各类创新政策进行全面总结,将其细分为技术标准政策、人才政策、财税政策、金融政策、知识产权、创新平台建设和政府采购六个方面。

当然科学合理的政策分类，与创新政策的演进历程也是息息相关的。科技政策的正式起点，人们普遍认为是来自 1945 年 V.布什撰写的《科学：无止境的前沿》这一报告，在报告中提出：政府要制定政策引导和支持科学发展，其核心要义是：对基础研究要高度重视。在这一政策指导下，美国政府积极推动了 R&D 联合体和以大学为实体的联合体，强化基础研究。很显然，这一时期的科技政策是以促进知识生产为导向的，也叫科学政策。

在 20 世纪 50—60 年代，由于存在冷战、军备技术竞争，使得决策者注重"大科学"的研究，一些基础研究成果在技术上取得了重大突破，对技术政策提出了需求，直至 70 年代，这时的科技政策实际上是科学和技术的政策。70 年代至 80 年代后期，冷战结束，政策制定者认为除了军备竞争、科学探险之外，还应该注重科技同商业相结合的重要性，于是，如何促进技术的开发和商业化成为政策的着重点，这叫技术政策。与科学政策不同的是，技术政策的目标是采用税收政策、政府采购等各种政策工具，引导、鼓励和支持企业的技术开发和应用。

创新政策发源于 20 世纪 70 年代，80 年代出台了一些创新政策，90 年代才真正流行。创新政策不是独立于科学政策、技术政策，三者实际上是相互重叠和交叉的。因此，随着国家创新系统概念的提出、创新理论的完善，创新政策的领域涉及较广，主要有科技、教育和人力资源、产业、企业和管理体制，其政策工具为财政、税收和金融上的支持。依据国情不同和各国政府对创新认识的不同，创新政策的框架是不同的：欧盟各国的创新政策体系主要包括科技框架计划、中小企业政策、人力资源政策和知识产权政策;日本创新政策的演进特征是从"知识的传播和扩散"向"知识的创新"进行调整。我国的创新政策也是经历了一个从科技政策与产业政策中逐渐分化出来的过程。具体来讲,1978—1985年为重构科技体制阶段,1986—1998年为建立研发投入机制阶段,1999—2005年为促进科技成果转化阶段,2006年至今为构建全面的国家创新体系阶段(范柏乃等,2013)。

基于以上研究,参考大多数学者的分类标准,在充分考虑创新政策演进历程的基础上,本书从政策力度、政策目标和政策工具三个维度,对科技政策进行分类,其中政策目标是从鼓励基础研究、鼓励科技成果转化、鼓励完善创新体系三类进行划分的,政策工具也分为三类,主要包括需求、供给和环境,具体每一类又由若干个方面组成。政策效力反映的是颁发政策的国家行政权力机构的类别(见表4-1)。

表4-1 科技政策分类

维度	类别	方面
政策效力		
政策目标	鼓励基础研究	专利制度;政府拨款;税收优惠;政府采购
	鼓励科技成果转化	管制;技术标准;R&D投入;补贴;外资引进及技术引进;消化吸收;政府采购;产业化
	鼓励完善创新体系	合作研究计划;企业创新能力
政策工具	需求政策	政府采购;贸易管制;外包
	供给政策	公共服务;教育培训;人事措施;科技基础建设;科技信息支持;科技资金
	环境政策	税收优惠;财务金融;知识产权;行政措施;目标规划

二、科技政策数量和效力的总体评价

1. 科技政策条目来源

1985—2011 年的科技政策来源于科学技术部政策法规司编写的《科技法律法规与政策选编》,2012—2016 年的政策条目是通过 18 个关键词①从北大法益中国法律法规库内的中央法规中筛选出来②,2017 年的科技政策来源于中国科技部网站,总共获得 726 条政策。

2. 科技政策颁布数量分析

在 1985—2017 年颁布的科技政策,按照《科技法律法规与政策选编》中汇总和梳理的脉络,主要包括 15 个方面,具体见表 4-2。从表 4-2 中我们可以看到,科技金融与税收政策最多,共 110 条,占比为 15.15%,其次为企业技术进步与高新技术产业化、科技成果与知识产权,分别为 86 条和 85 条,占比分别为 11.85%和 11.71%,其他类型都在 10%以下,最少的是科技奖励,只占 1.93%,很显然,激励政策不足。

从各个时期颁布的政策数量来看,总的来说呈上升趋势,但具有阶段性特征(见图 4-1)。第一阶段,1985—1996 年,这一阶段每年颁布的科技政策数量非常少,都少于 5 条,甚至有的年份没有出台科技政策,这时出台的政策主要是几个重

---

① 这 18 个关键词分别是:技术、科技、科研、科学技术、创新、企业、计划、专利、知识产权、基础研究、自然科学基金、人才、人员、实验室、科普、事业单位、生产力促进中心、科学仪器。

② 为验证筛选政策的全面性,本书利用上述 18 个关键词对 1985—2011 年的科技政策进行了筛选,发现有 84%的科技政策能被筛选出来,说明关键词的选择是恰当的,政策也较全面。

要的法律,如《中华人民共和国专利法》《中华人民共和国标准化法》和《中华人民共和国科学技术进步法》,同时,最多的是科技成果与知识产权(见表4-2),说明这一时期比较重视科学政策。

(单位:条)

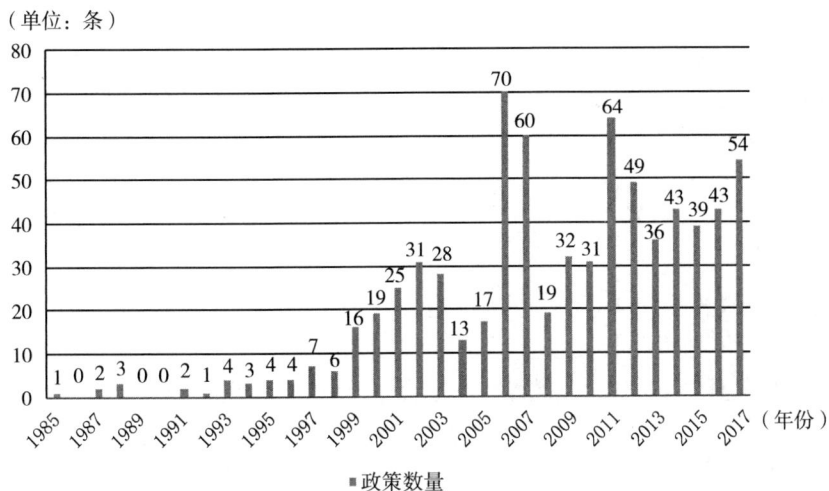

图4-1 1985—2017年我国科技政策颁布数量

第二阶段,1997—2005年,我国进入了深化科技体制改革阶段(OECD,2008),科技政策数量有了较大幅度的提高,总共颁布162条,并在2002年达到了一个小高峰,为31条。通过对该阶段政策数量分布的分析(见表4-2),发现颁布数量最多的是科技成果与知识产权政策,为29条,其次是科技条件与标准(23条)、科技计划管理(22条)、科技人员(20条)、企业技术进步与高新技术产业化政策(17条)。总的来说,这一时期的科技政策还是以科学政策为主,但技术政策也陆续出台。

表 4-2 不同时期我国科技政策颁布数量及其比较

政策类别	政策数量			
	1985—1996 年	1997—2005 年	2006—2017 年	所占比重（%）
综合	4	2	41	6.47
科研机构改革	0	7	10	2.34
科技计划管理	1	22	47	9.64
科技经费与财务	1	3	29	4.55
基础研究与科研基地	1	5	30	4.96
企业技术进步与高新技术产业化	3	17	66	11.85
农村科技与社会发展	0	9	48	7.85
科技人员	2	20	42	8.82
科技中介服务	2	6	17	3.44
科技条件与标准	4	23	19	6.34
科技金融与税收	0	7	103	15.15
科技成果与知识产权	5	29	51	11.71
科学技术普及	1	3	15	2.62
科技奖励	0	5	9	1.93
国际科技合作	0	4	13	2.34

第三阶段，2006 年至今，由于我国在 2006 年颁布了《国家中长期科学和技术发展规划纲要（2006—2020）》及系列配套政策，使我国科技政策颁布数量在 2006 年和 2007 年达到了新高，分别为 70 条和 60 条。随后每年颁布的数量虽然不均衡，但都高于第二阶段（除 2008 年之外），说明科技政策颁布进入了密集发展阶段，得到了我国的高度重视。如果从政策数量的分布来看（见表 4-2），科技金融和税收的数量最多，达到 103 条，其次为企业技术进步与高新技术产业化政策，为 66 条，其他政策的数量也较多，比如科技成果与知识产权（51 条）、科技计划管

理(47条)。值得注意的是,这一阶段的农村科技与社会发展政策得到了迅速发展,由第二阶段的9条发展到第三阶段的48条。与第二阶段相比,颁布数量增加最快的是综合,其次是科技金融与税收,科技经费与财务,第三层次是基础研究与科研基地、农村科技与社会发展、科学技术普及,第四层次是其他各类。说明这一阶段的科技政策已得到很大发展,一方面不仅数量明显增多,而且重视的领域增宽;另一方面虽然科学政策的数量有所减少,但仍然发挥重要作用,而技术政策以及创新政策进入了快速发展阶段。

3.科技政策效力分析

政策效力的测量,本书借鉴彭纪生(2008)的量化标准,分为五个等级:5表示全国人民代表大会及其常务委员会颁布的法律;4表示国务院颁布的条例;3表示国务院颁布的暂行条例、规划,各个部委的条例、规定、规范;2表示各个部委的意见、办法、暂行规定、规划、方案;1表示通知、公告。按照上述标准,本书对1985—2017年共726条科技政策的政策效力进行了测量,并作出如下的分析:

(1)政策效力的结构分析。对726条政策的效力按照占比情况绘成环形图(见图4-2)。从图4-2中可以看到,以政策效力1颁布的政策占22%,为157条,以政策效力2颁布的政策最多,占64%,有463条,两者合占86%。而效力较高的科技政策仅占14%,其中以政策效力3颁布的政策占9%、以政策效力4颁布的政策占4%、以政策效力5颁布的政策占2%。由此可见,效力越高,科技政策越少,这与欧美发达国家的科技政策主要以法律为主相比,我国科技政策的效力结构明显是不合理的,难以形成社会强制力。

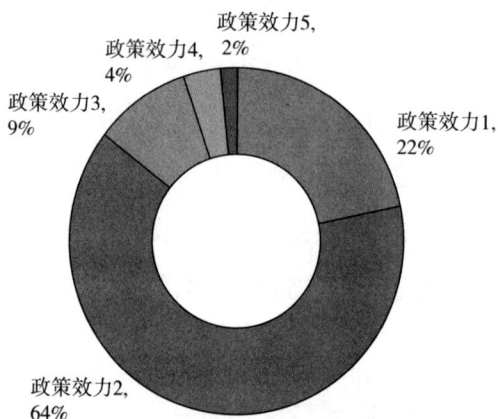

图 4-2　1985—2017 年中国科技政策效力结构

（2）政策效力的分布分析。按照《科技法律法规与政策选编》中的分类标准,共有 15 类,通过对每一类所有政策的效力进行算术平均,得到政策效力等级分布,具体见表 4-3。

表 4-3　1985—2017 年我国科技政策效力等级

效力等级	政策类型
3—4	综合
2—3	科技成果与知识产权;科技奖励;科技条件与标准;农村科技与社会发展
1—2	国际科技合作;科技中介服务;企业技术进步与高科技产业化;科技人员;科技经费与财务;科技计划管理;科研机构改革;基础研究与科研基地;科学技术普及;科技金融与税收

从表 4-3 中可以看到,除综合政策之外,其余方面政策的效力等级都不高。相比较而言,科技成果与知识产权的效力等级最高,主要是由国务院和各个部委颁布的条例、规范和规定,

个别的是以法律形式颁布的,如《中华人民共和国专利法》《中华人民共和国著作权法》《中华人民共和国合同法》以及《中华人民共和国促进技术成果转化法》,说明我国科技政策比较注重知识产权保护。知识产权作为"用属性权利诱导各种创新",被认为是政策领域最核心和最古老的制度之一。正如道格拉斯·诺斯认为的那样,知识产权的应用是人类历史上对促进经济增长具有最深刻影响的因素之一,如果没有足够的知识产权保护,就不会涌现更多的创新。此外,虽然科技奖励政策、科技条件与标准政策颁布的数量不多,但相对来说,效力还较高。而近几年发展起来的农村科技与社会发展政策不仅颁布数量多,效力也位于前列。总之,这个层次的政策大多属于鼓励基础研究的,基础研究对一个国家科学技术的发展来说是非常重要的,西方发达国家都在稳步增加基础研究的预算,说明我国科技政策的演进方向是正确的。

处于效力等级最低的政策有:国际科技合作、科技中介服务、企业技术进步与高科技产业化、科技人员、科技经费与财务、科技计划管理、科研机构改革、基础研究与科研基地、科学技术普及、科技金融与税收。这些大多属于技术政策和创新政策的范畴,很显然它们的效力不足,这可能也是我国科技与经济相脱节的原因。其实,大多数国家都经历了由重视科学政策向科学政策、技术政策和创新政策并重的趋势演变。美国第二次世界大战前重视市场在经济活动中的作用,政府没有指导性科技政策;第二次世界大战期间,美国把基础研究作为政策重点,逐步建立了以"科学"为中心的政策体系;20世纪70年代以后,美国科技政策向第二次世界大战前开放政策"回归",重点强调知识扩散,鼓励企业技术创新和产学研交流合作;从 90 年代开始,国家创新体系的提出使美国逐渐形成了包括科学政策与技术政策的创新政策体系。所以,我国的科技政策在颁布数量上,尽管已经显现出了这种符合国际演变特征的趋势,但在效力上却远远落后,使科技政策的作用大打折扣。

三、科技政策的目标和工具分析

按照前述分类标准,政策目标这一维度,主要包括三类政策:鼓励基础研究的政策、鼓励科技成果转化的政策、鼓励完善创新体系的政策,同时每类政策又包括若干个方面。本部分的分析数据是从 726 条政策逐条提取有关各个方面的信息形成的。

1. 政策目标分析

(1)鼓励基础研究的政策分析。鼓励基础研究的政策主要指专利制度、政府拨款、税收优惠、政府采购。涉及专利制度的政策有 178 条,政府拨款政策 180 条,税收优惠政策 162 条,政府采购政策 58 条,涉及鼓励基础研究的政策共有 578 条,占总政策的 79.6%。

总的来说,鼓励基础研究的政策较多,特别是前两项,在我国得到了充分重视,而税收优惠政策、政府采购政策有所欠缺。事实上研发税收优惠政策是有效且高效的[①],这种创新活动带来的经济整体社会回报率会高于创新活动本身给企业带来的预

---

① 罗伯特·阿特金森等(Robert Atkinson 等):《全球创新政策指数报告(2012)》(中译本),党建读物出版社 2013 年版,第 78 页。

期回报率,所以税收激励措施应相对慷慨。而政府采购政策作为通过需求推动创新的有效手段,在其他国家得到了广泛应用,其作用正像罗斯维尔(Roseville)所认为的那样,从更长远看,国家的采购政策刺激了更多领域的创新,大大超过了研发补贴所涉及的领域。[①] 很显然,我国对这两项政策运用不足,限制了鼓励政策效用的发挥。

进一步地,通过考察鼓励基础研究的政策效力,我们发现等级为 1 的政策占绝大多数,只有专利制度和税收优惠的一些政策在政策效力为 5 的水平上占的比例稍高一些(见表 4-4),说明我国鼓励基础研究的政策效力明显不足。

表 4-4 1985—2017 年鼓励基础研究的政策效力分布 (单位:%)

政策效力	专利制度	政府拨款	税收优惠	政府采购
5	2.8	0.6	3.7	0
4	1.7	2.2	3.7	0
3	7.3	11.7	13.6	10.3
2	14.0	32.8	21.6	13.8
1	74.2	52.8	57.4	75.9

(2)鼓励科技成果转化的政策分析。鼓励科技成果转化的政策主要包括管制、技术标准、R&D 投入、补贴、外资引进及技术引进、消化吸收、政府采购、产业化,涉及各项政策数量及效力分布见表 4-5。总体来看,我国鼓励科技成果转化的政策数量较多,但效力较低。

---

① 罗伯特·阿特金森等:《全球创新政策指数报告(2012)》(中译本),党建读物出版社 2013 年版,第 230 页。

在 R&D 投入政策中,我们是从国家和企业两个角度,对研发经费、研发人员和研发设备几个方面进行综合考量,因此,数量较多。从表 4-5 中我们可以看到,我国 1985—2017 年涉及 R&D 投入的政策,共有 384 条,但政策效力为 1 的政策占 56%,政策效力为 2 的政策为 29.2%,表明我国颁布的政策大多是以通知、公告或各个部委的意见等形式支持 R&D 投入,强度远远不够,效果大打折扣。

表 4-5 1985—2017 年鼓励科技成果转化的政策数量及效力分布

	管制	技术标准	R&D 投入	补贴	外资引进及技术引进	消化吸收	政府采购	产业化
政策数量(条)	90	106	384	98	126	66	65	175
政策效力 5(%)	0.0	3.8	0.3	1.0	0.0	0.0	0.0	1.1
政策效力 4(%)	2.2	0.0	3.4	2.0	4.8	3.0	3.1	1.1
政策效力 3(%)	4.4	8.5	11.2	12.2	5.6	10.6	6.2	4.0
政策效力 2(%)	13.3	16.0	29.2	33.7	20.6	9.1	12.3	12.6
政策效力 1(%)	80.0	71.7	56.0	51.0	69.0	77.3	78.5	81.1

其次是外资引进及技术引进政策,数量达到 126 条,远远超过消化吸收政策的数量(66 条),同时,消化吸收政策的效力等级也明显低于外资引进及技术引进政策,说明我国对消化吸收政策重视得不够,这可能是导致我国过于依赖国外技术供给,没有形成通过引进技术进行消化、吸收与再创新的体制机制的重要原因之一。

管制、技术标准、补贴和政府采购政策,其目的是增加技术采纳的未来期望回报率,使技术尽可能地被锁定到一个优等水平上。从表 4-5 中我们可以看到,这四种政策的数量都不太多,尤其是政府采购政策,仅为 65 条;而且效力也不太高,各项政策效力为 1 和 2 之和的比例均占到了 80% 以上。其结果会导致我国技术在低水平上重复,不利于激发企业技术创新的积极性。

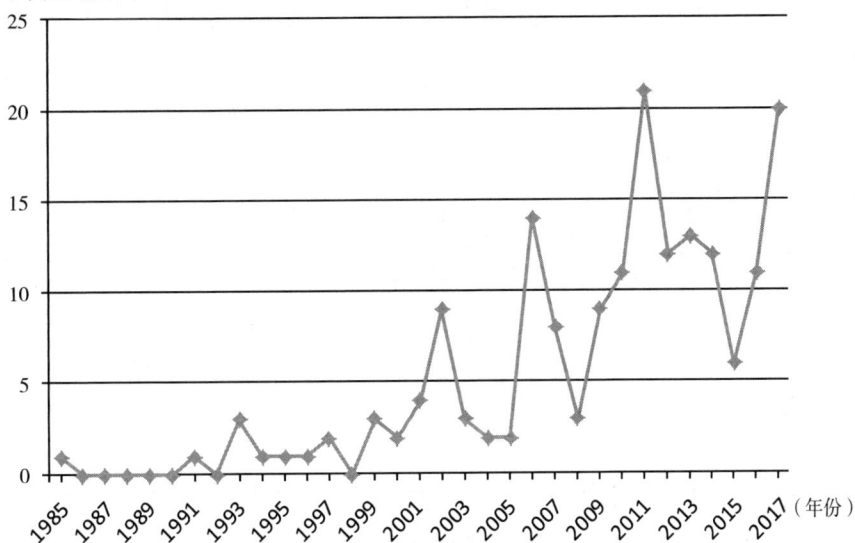

图 4-3　1985—2017 年涉及产业化政策数目

图 4-3 是产业化政策的演变趋势。从图 4-3 中可以看到,1985—1990 年基本没有颁布产业化政策,1991—2005 年,这 15 年间,产业化政策陆续出台,2006 之后,颁布的数量虽然有波动,但总体上呈上升趋势,而且上升幅度较大,说明我国开始注重科学技术工作必须与经济建设相结合的战略思想,体现了科技政策向技术政策和创新政策转变的思路。

(3)鼓励完善创新体系的政策分析。这类政策主要包括合作研究计划和提高企业创新能力两个方面,涉及的政策数量较多,分别为274条和390条;效力等级相对于鼓励基础研究和鼓励科技成果转化的政策而言也较高(见表4-6),在效力为5的等级上都有一定比例的政策颁布,说明鼓励完善创新体系的政策正在成为科技政策的重要组成部分。

表4-6 1985—2017年鼓励完善创新体系的政策数量及效力分布

	合作研究计划	企业创新能力
政策数量(条)	274	390
政策效力5(%)	1.8	1.3
政策效力4(%)	2.6	5.6
政策效力3(%)	10.6	10.3
政策效力2(%)	26.3	25.6
政策效力1(%)	58.8	57.2

2. 政策工具分析

政策工具是由政府掌握、运用并达成政策目标的手段和措施。供给政策包括公共服务、教育培训、人事措施、科技基础建设、科技信息支持和科技资金;需求政策包括政府采购、贸易管制和外包;环境政策包括税收优惠、财务金融、知识产权、行政措施和目标规划。

在726条科技政策中,分别有117条、603条和570条政策涉及需求、供给和环境工具,可见,供给政策和环境政策的数量非常多,而需求政策数量相对较少,不仅如此,需求政策发展得较慢,从图4-4中可以看到,供给政策和环境政策是从1999年开始有起色,而且发展得较快,而需求政策是从2006年开始才有所发展,而且发展缓慢,说明政策工具之间发展不平衡、不协调。

（单位：%）

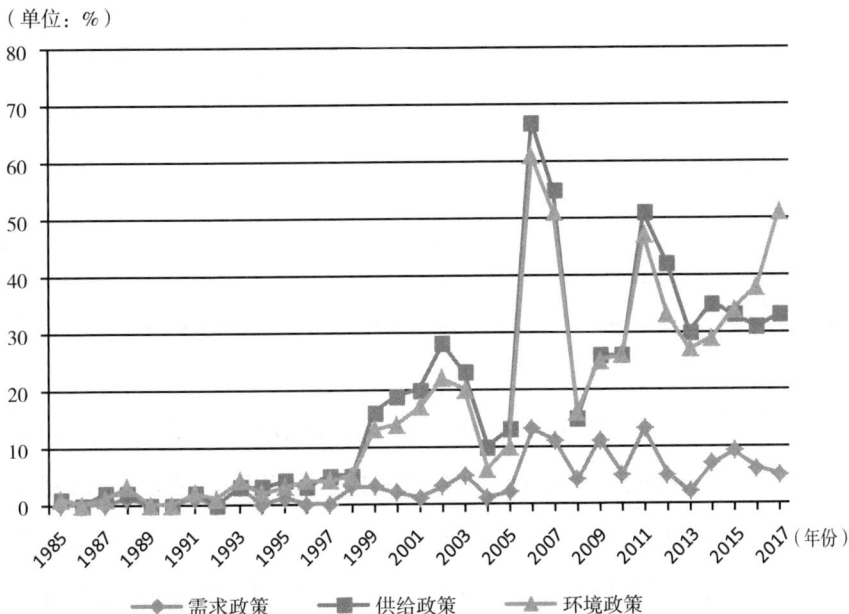

图 4-4 1985—2017 年我国政策工具变化趋势

（1）需求政策分析。需求政策是指政府通过相关支持，减少市场的不确定性，以稳定技术创新的应用市场，拉动技术创新。主要包括政府采购、贸易管制、外包，具体见表4-7。从表4-7中可以看到，在需求政策内部，贸易管制和政府采购政策数量相对较多，外包政策较少①；效力普遍偏低，基本没有以法律形式颁布的，等级为 4 的只涉及政府采购（4.3%）和贸易管制（2.1%）的一些政策，需求政策的欠缺，不利于推动自主创新。

---

① 外包政策减少的原因是由于外包政策随着 2006 年颁布的《关于建设"科技兴贸出口创新基地"有关问题的通知》才开始出现。

表4-7　1985—2017年需求政策数量及效力分布

	政府采购	贸易管制	外包
政策数量(条)	69	47	19
政策效力5(%)	0.0	0.0	0.0
政策效力4(%)	4.3	2.1	0.0
政策效力3(%)	7.2	14.9	10.5
政策效力2(%)	15.9	53.2	15.8
政策效力1(%)	72.5	29.8	73.7

（2）供给政策分析。供给政策是指政府通过相关支持,以改善技术创新相关要素的供给,推动技术创新。从政策数量上看(见表4-8),是明显偏高的,尤其是科技资金的支持,多达338条,最少的科技信息支持也达到了279条,各项政策之间的发展也较均衡。同时,供给政策的效力较高,以法律等高效力的形式颁布的政策较多,以通知等低效力的形式颁布的政策相对较少,说明我国政府非常重视供给政策。

表4-8　1985—2017年供给政策数量及效力分布

	公共服务	教育培训	人事措施	科技基础建设	科技信息支持	科技资金
政策数量(%)	358	292	355	285	279	338
政策效力5(%)	1.7	2.4	1.7	1.1	1.1	0.3
政策效力4(%)	5.0	5.8	5.6	8.8	3.9	3.6
政策效力3(%)	24.0	12.0	17.7	17.5	12.2	12.1
政策效力2(%)	25.4	17.1	29.9	29.5	30.1	34.0
政策效力1(%)	43.9	62.7	45.1	43.2	52.7	50.0

（3）环境政策分析。随着我国政府对技术创新的重视,开始注重创造有利于技术创新的环境,以间接促进技术创新,这样环境政策也得到了加强。最受关注的是知识产权政策,总数量达 342 条(见表 4-9),颁布的高峰期为 2006 年(见图 4-5),其数量远远超过其他政策。其次是财务金融政策和税收优惠政策,分别有 220 条和 206 条涉及,其颁布的高峰期都在 2006 年左右,近几年都很少。而行政措施政策和目标规划政策相对较少,在 2006 年以前,绝大部分年份,前者的数量高于后者,2006 年以后,目标规划政策得到了高度重视,数量明显增多,尤其是 2016 年、2017 年,得到了大力发展(见图 4-5)。

表 4-9　1985—2017 年环境政策数量及效力分布

	税收优惠	财务金融	知识产权	行政措施	目标规划
政策数量（条）	206	220	342	129	180
政策效力 5（%）	1.9	2.3	2.3	0.8	16.7
政策效力 4（%）	5.8	7.7	4.4	1.6	8.3
政策效力 3（%）	20.9	16.4	19.0	8.5	10.0
政策效力 2（%）	17.5	29.1	22.2	35.7	29.4
政策效力 1（%）	53.9	44.5	52.0	53.5	35.6

环境政策的效力,总的来说比较高,各项政策以法律形式颁布,尤其是目标规划政策,比例高达 16.7%,中等效力的政策占的比例也较高,说明我国政府比较重视环境政策。

（单位：%）

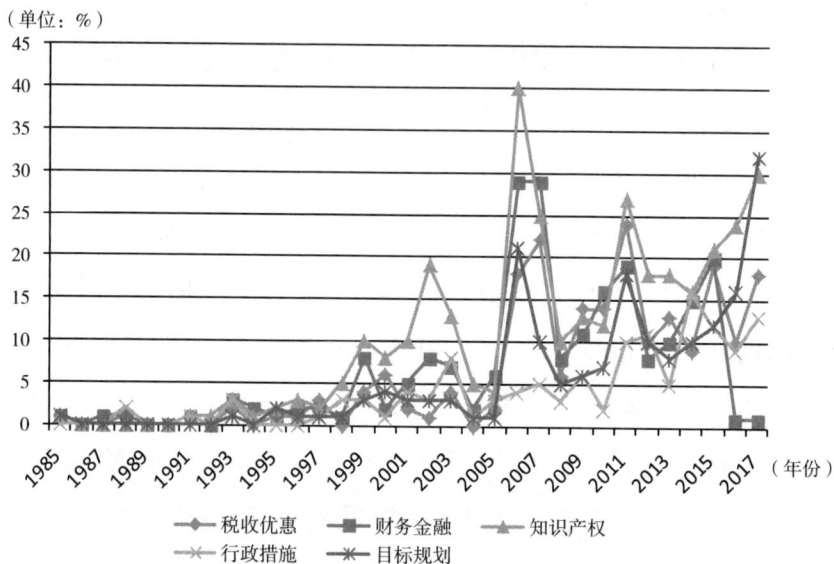

图 4-5　1985—2017 年各项环境政策变化趋势

四、结论

本书在借鉴前人的基础上，从政策效力、政策目标和政策工具三个维度（每个维度又包括若干方面），对我国的科技政策进行了细化。按照此分类标准，对 1985—2017 年的政策进行分类统计，通过对政策目标、政策工具的数量和效力的分析，得出以下结论：

第一，从我国科技政策颁布的数量和颁布的内容来看，其演进特征与其他发达国家一样，都经历了科学—技术—创新的演进范式，虽然起步较晚，但演进较快，尤其是 2006 年以后，不仅数量明显增多，而且重视的领域拓宽。

第二，我国科技政策的效力普遍偏低，大多是以各部委的意见、暂行规定或通知、公告等形式颁布的，跟欧美国家主要以法律形式相比，难以形成社会强制力。从政策效力的分布来看，鼓励基础研究政策的效力相对高些，技术政策和创新政策的效力尤其不足。

第三,在政策目标体系中,鼓励基础研究、科技成果转化和完善创新体系的政策,在数量上基本均衡,但鼓励完善创新体系政策的效力相对较高,说明鼓励完善创新体系的政策得到了高度重视,日益成为我国科技政策的重要组成部分,表明我国正在致力于构筑一个有助于科学进步—技术应用—创新发展的制度环境。另外,从上述分析中,我们可以看到,专利制度、政府拨款、R&D 投入、外资引进及技术引进政策受到了足够重视,但一些更有利于技术创新的政策,比如政府采购、消化吸收、选择机制水平上①的政策却重视不足,这无疑是导致我国科技政策执行效果不理想的重要原因之一。

第四,在政策工具的体系中,需求政策不仅数量不足、起步较晚、发展较慢,而且效力也较低,供给政策和环境政策正好相反,不仅颁布的数量多,而且都以法律形式颁布,说明政府对供给政策和环境政策给予了足够重视,而对需求政策重视得不够,使政策工具之间没有得到协调发展。

上述结论给我们的启示是:第一,科技政策的颁布,应该重视政策效力的提高,增加以法律形式颁布政策的比例,避免以通知、公告颁布政策的数量,尤其是那些有利于企业技术创新的政策。第二,注重政策颁布的协调性,既要保持每个维度下政策类别的均衡,也要使一个类别内配套政策之间的和谐,同时,既要重视直接推动技术创新的政策,又要注重引导或促进政策的配套。

① 金雪军、杨晓兰:《基于演化范式的技术创新政策理论》,《科研管理》2005 年第 3 期。

第二节 创业风险投资政策评价与存在的问题

众所周知,创业风险投资是推动技术创新、促进高科技产业发展的重要手段,我国是从 20 世纪 80 年代起步的,大致经历了四个阶段,目前已经具备了一定的规模。应该说,创业投资的概念最早出现在 1985 年 3 月的《中共中央关于科学技术体制改革的决定》中,但这时探讨的问题只是关于风险投资建立问题,还没有出现严格意义上的风险投资政策,直到 2002 年 6 月 29 日,《中小企业促进法》颁布实施,才标志着我国确立起了既适应市场化运作原则,又符合国际惯例的税收优惠政策鼓励标准,创业风险投资引导基金政策得以最终建立。总之,与发达国家比较,我国目前的政策体系还没有完善,缺乏促进创业投资发展的基本政策与法律框架,同时,在运作中也存在很多问题。

一、我国风险投资政策发展的历程及评价

我国的风险投资政策起始于 1985 年,大致经历了四个发展阶段:

1. 酝酿期(1985—1998 年)

(1)提出创业投资的概念

1946 年,美国研究与发展公司成立,这是美国最早开展创业投资活动的公司,与美国、英国、日本、以色列等国家相比,我国创业投资的概念于 1985 年 3 月才正式提出(由上所述),所以

出现得较晚。其中提出,可以设立风险投资用于支持风险较大的高技术开发工作。而在 1986 年,才在《中华人民共和国促进科技成果转化法》中将这一概念纳入法律条款。

(2)探索创业投资模式

从 1985 年开始,为鼓励风险投资实践,国务院发布了一系列政策①,主要是关于建立风险投资基金、积极探索发展科技风险投资机制的相关政策。在这样的政策背景下,1985 年 9 月,成立了第一家风险投资公司,即"中国新技术创业投资公司",同时在广州和江苏都有这样的公司成立,1989 年 6 月成立了"中国科招高技术有限公司",这些公司的成立意味着我国风险投资业开始萌芽。

2. 兴起期(1998—2001 年)

(1)提出建立风险投资机制

1998 年 3 月,民建中央提出了《关于尽快发展我国风险投资事业的提案》(即当年两会"一号提案"),强调"必须通过发展风险投资事业,来推动科技进步",同时,根据当前的实际,借鉴国外的成功经验,从八个方面,诸如"明确把发展风险投资作为推动科技和经济发展特别是高科技产业发展的基本政策"等,提出了相应的对策建议。1999 年 8 月 20 日国务院颁布了《关于加强技术创新,发展高科技,实现产业化的决定》,强调

①　1987 年 1 月国务院颁布了《关于进一步推进科技体制改革的若干规定》,1991 年 3 月颁布了《关于批准国家高新技术产业开发区和有关政策规定的通知》,1995 年 5 月国务院颁布了《关于加速科学技术进步的决定》,1996 年 5 月全国人大通过了《中华人民共和国促进科技成果转化法》,1996 年 10 月国务院颁布了《关于"九五"期间深化科学技术体制改革的决定》。

"要培育有利于高新技术产业发展的资本市场,逐步建立风险投资机制,发展风险投资公司和风险投资基金,建立风险投资撤出机制,加大对成长中的高新技术企业的资金支持力度。引进和培养风险投资管理人才,加速制定相关政策法规,规范风险投资的市场行为"。1999 年 12 月,国务院办公厅转发给科技部等 7 个部委《关于建立风险投资机制的若干意见》,标志着关于建立风险投资机制的政策正式出台。

（2）地方法规为配合风险投资发展初步呈现

创业投资在我国 30 年的发展历程中,地方政府给予了很大的支持,所制定的政策既体现了地方特色,又具有可操作性,同时又都是以国家法律法规为蓝本。这些政策为促进高新技术产业和加快科技园建设起到了很大的作用。这些政策包括面向本地区的扶持政策,面向高新开发区的扶持政策。①

在兴起期末,中央颁布了《信托法》(2001),这是一部规范信托基本关系的大法,标志着我国开始建设风险投资业的法律法规,但由于基本的法律法规仍然不健全,再加上这一时期高科技企业在股票市场上融资的失败,导致风险投资基金进入了下一时期。

3. 调整期(2001—2004 年)

（1）提出了比较成熟的法规、条例

在我国风险投资进入调整期的同时,国际风险投资的发展

---

① 面向高新开发区的扶持政策主要有:北京的《〈中关村科技园区条例〉及其释解》(2000),《有限合伙管理办法》(2001),上海的《上海市促进高新技术成果转化的若干规定》(2000),深圳的《深圳市创业资本高新技术产业暂行规定》(2000),广州的《广州市促进风险投资业发展若干规定》(2001)等。

速度也放缓,风险投资总量和个数都有所下降,经历了长达三年的调整期。在这种形势下,必须出台针对性更强、更有效率的法律法规,才能活跃创业市场,激励创业投资者的投资热情,于是,2002年6月,颁布实施了《中小企业促进法》,这是第一部以中小企业基本法为核心的专门法律。2003年1月,出台了针对外商企业的创业投资政策,如《外商投资创业投资企业管理规定》。

(2)地方性政策法规不断完善并发展

各地方政府为了实现产业结构升级这一发展目标,纷纷出台了地方性法律法规①,主要是适合本地区高新技术企业及战略性新兴产业,这些地方包括北京市、深圳市、上海市、河北省、四川省、浙江省、福建省、厦门市、珠海市、广州市、天津市、成都高新区、沈阳市、陕西省等。

总之,在调整期内,无论是中央还是地方政府都作出了很大努力,风险投资政策得到了很大的发展,有利于创业投资走出低谷,但这一时期发展的特点是,财政支持政策多于税收优惠政策,显然政府的作用被夸大了,而市场的作用被削弱了,在创业投资环境方面存在一定弊端。

4. 稳定发展期(2004年以后)

(1)建立了创业投资法律体系

我国创业投资法律法规及配套政策渐进完善的标志是起始

---

① 　地方性法律法规主要有:《广东省促进创业投资发展暂行规定》(2003),河北省政府《引发关于有限发展信息产业的若干政策规定的通知》(2004),成都高新区《鼓励和吸引创业资本投资高新技术产业若干规定》等。

于 2005 年,这一年发布了《创业投资企业管理暂行办法》,2006年 8 月 27 日《中华人民共和国合伙企业法》修订完毕,同年发布了《关于外国投资者并购境内企业的规定》,这些文件的出台说明创业投资法律体系初步建立。因为《中华人民共和国合伙企业法》完善了创业投资产业法律体系,《关于外国投资者并购境内企业的规定》规范了创业投资基金的退出机制。

(2)创业投资层次逐渐多元化,出台了引导基金相关政策

创业投资相关政策的出台,使创新投资得到了很大的发展,但与发达国家和地区相比,差距仍然很大,具体表现为:资金来源渠道狭窄,规模偏小,供给不足,因而投资的力度还很不够。在这种情况下,同时借鉴发达国家的经验,2007 年 7 月出台了《科技型中小企业创业投资引导基金管理暂行办法》,旨在通过设立引导基金,吸引地方政府、金融机构、投资机构和社会(海外)资本,以股权或者债权的方式投资于初创期科技型中小企业,支持创业企业发展。

(3)充分发挥税收作用

各国政府都积极利用税收激励政策扶持创业投资发展,我国更应如此。2007 年 2 月发布了《关于促进创业投资企业发展有关税收优惠政策的通知》,对创业投资享受所得税优惠作出了具体的规定,投资额的 70% 可以抵扣应纳税所得额,随之,浙江、江苏、江西、辽宁等少数省份进行了实施,但绝大多数省份都没有贯彻执行,原因较为复杂。为解决这一问题,2009 年 4 月发布了《关于实施创业投资企业所得税优惠问题的通知》,对有些问题做了进一步的补充。

综上所述,我国创业风险投资政策经历了酝酿期、兴起期、

调整期和稳定发展期,从提出概念到基本确立再到逐步完善,得到了很大的发展,但与美国、英国等发达国家相比,仍然处于起步阶段,伴随着我国经济体制改革的不断深化,还需要不断地完善。

二、风险投资政策存在的问题

1. 税收优惠力度不够

创业投资的发展,离不开税收优惠政策的推动,研究发现,这是很多国家成功的经验。通常来说,税收优惠的力度越大,效果越好。如美国,当资本利得税由 1970 年的 49% 降至 1980 年的 20% 时,美国的创业投资到 1986 年时达到了 241 亿美元,是税制改革前的 10 倍。而新加坡政府的鼓励力度更大,规定凡被政府认定的创业投资机构,其投资收益在最初的 5—10 年内是完全免税的。

我国的税收优惠政策发展较晚,还有很多不足,主要包括:一是不同性质的创业投资企业享受的税收优惠政策存在偏倚,比如,有限合伙制企业与公司制企业相比较,由于有限合伙制企业里有自然人,不完全是企业所得税的纳税人,因而,不能与公司制企业一样享受《企业所得税法》所提供的相关优惠政策,导致它们的税收负担加重。二是双重征税问题没有解决,风险投资者的收益是来自被投资企业的税后利润,同时,对这部分收益依然征收资本收益税,属于双重征税,在一定程度上抑制了风险投资者的投资热情。三是目前的税收优惠政策主要是针对利润制定的,对于起步阶段的中小企业而言,没有利润或利润较少,因而对中小企业的激励作用有限。四是目前的税收优惠政策存在门槛很高,但优惠政策较少的问题,缺乏激励作用;税收优惠政策要求的时限与创业投资企业的特点不相符;存在地方和国家政策不统一的问题,当出现这种情况时,企业的税收优惠政策在地方就会得不到落实。五是缺少针对高新技术企业特点的税收优惠政策。引导基金投资的项目主要是高新技术企业,而高新技术行业一般来说消耗的原材料少,产品附加值高,抵扣的税额少,反而增值税高于一般产品。

2. 对社会投资者激励的政策不足

按照《创业投资企业管理暂行办法》的要求,创业风险投资引导基金应在项目早期阶段进行投资,有些地方政府规定,比例应在60%以上,而在一个创业投资基金中,通常政府引导基金占1/3,其他投资者资金占2/3。很显然,在这种情况下,仅有税收优惠政策是不够的。与此同时,必须有相应的激励政策与之相配套,才能调动投资者与合作者参与的积极性。这些政策应包括:一是提供合理的投资收益分成。以《山西省风险投资企业管理暂行办法》为例,其中规定:"创业风险投资引导基金,自投资起三年内不参与创业投资企业的分红,三年后,如果创业投资企业收益率超过同期一年期银行存款利率时,创业风险投资引导基金按该利率取得收益。"二是提高风险补偿金的比例。以山西省为例,"创业投资企业将其总投资额的70%以上投向本省经依法认定为高新技术产业化项目的,享受《山西省高新技术产业发展条例》规定的优惠政策,并可以按照当年总收益的3%—5%提取风险补偿金,用于补偿以前年度以及当年的投资性亏损,其余额可以按年度结转,不得超过该企业年末净资产的10%"。但目前各地方这样的激励政策并不完善,导致风险投资在2006年投资于种子期的项目数比例与2005年相比,并没有得到有效改善,并未扭转2003—2005年在调研结果中出现的下滑局面。

3. 对引导基金操作主体的绩效考核制度不健全

创业风险投资引导基金考核机制的建立,对于发挥引导基金的作用是非常重要的,因为引导基金存在着多重委托—代理关系,信息严重不对称,如果监督机制不到位、缺乏针对性的考核制度,特别容易出现投资公司与企业之间同谋的现象,政府的利益就会受到损害。对于引导基金的考核不同于其他的考核,不能用经济指标来衡量,因为引导基金具有国有资产的性质,不以营利为目的,考核的侧重点应该从政策效果和收益两方面,尤其是投入科技成果和投资专利的数量,只有建立合理的考核制度,才有利于政府进行监督。

4. 吸引社会资本参与的机制不健全,忽视财产清算环节

只有吸引社会资本的积极参与,引导基金才能发挥应有的作用。目前,我国吸引社会资本参与的政策主要有风险补偿机制和让利机制,缺少破产后的财产清算机制,甚至相关政策还起到了抑制的作用,如2007年发布的《科技型中小企业创业投资引导基金管理暂行办法》中规定:"参股创业投资企业发生清算时,按照法律程序清偿债权人的债权后,剩余财产首先清偿创业风险投资引导基金。"这个规定意味着,如果投资失败,社会资

本将得不到清偿。很显然,这有失公允,因为对于引导基金而言,无论如何都实现了社会效益。

5. 引导基金退出机制不健全

目前,有关我国引导基金退出机制的政策主要有 2007 年发布的《科技型中小企业创业投资引导基金管理暂行办法》,在这个文件中明确指出:"引导基金参股期限一般不超过 5 年。"①这样的期限对于创业投资企业而言是较短的,通过对创业投资运行规律的分析发现,其收益一般是从 7—10 年才开始,很显然无法完成相应的任务。另外,退出清算的政策也不完善,面对一些收益较好的项目,没有相应的政策规定,引导基金必须退出,从而对社会资本产生了"挤出效应",没有充分发挥政府引导基金的"引导"效应。

第三节　产业创新政策相关问题探讨

产业创新政策在很多国家的实践中都得到了很好的应用,但其表现形式有所不同:美国是把技术政策和产业政策"合二为一";日本强调技术创新政策与产业政策紧密结合;欧盟的创新政策在"学术研究界—产业界—政府"之间已形成良好互动的螺旋模式;韩国是特别重视产业创新政策的国家,技术供需联系的顺序比较完整,从国家到产业,再到研究所和企业。相比之

---

① 我国相应的税收优惠政策(如我国各地区对高新技术企业实行的所得税"两免三减")也以 5 年为期限。

下,我国的技术创新政策非常不完善,主要关注微观和宏观层次。也就是说,我国的技术创新政策注重微观机制调整和国家发展需求,缺少产业层次的配合,这样就使我国技术创新政策的执行效果与上述国家相比产生了很大的差距。说明在我国,研究产业创新政策问题已经迫在眉睫,通过研究产业创新政策可以拓宽政策制定和执行的广度和深度。

在我国,研究产业创新政策的主要有:孔欣欣(2008)的《部门创新体系:一个影响当今产业创新政策的重要概念》;周莹(2011)的《中国汽车产业创新政策体系及其系统失灵研究》;朱旭峰(2003)的《关于中国入世后 IT 产业创新政策的若干问题探讨》;闫凌州和孙红(2010)的《国外科技与产业创新政策演变趋势研究》。当然也有一些相关研究,比如赵兰香(1999)的《技术学习过程与技术创新政策》,他认为,"产业层次的政策对于微观图画与宏观景象之间的联系具有十分重要的意义,它既能使宏观政策找到支撑点,又可使微观政策得到方向性的指导"。总之,研究成果并不多见,说明并没引起足够的重视。

本部分通过论证产业创新政策的重要性和必要性,结合实际,探讨了产业创新政策形成的机制。

一、产业创新政策是科技政策演变的一个重要方向

科技政策是一国为了确定科技和经济发展方向、促进科技与经济协调发展的一系列基本行动准则,是指导科技和经济发展的战略和策略原则,其目的是引导、激励和支持技术创新活动。科技政策产生于第二次世界大战之后,随着科学技术的迅猛发展,科技政策的研究和制定引起了各国的注意,成为国家决策的重要内容,同时发展也越来越快,但是,科技政策的形成和发展却经历了一个不断学习的过程。

首先,科技政策在美国兴起,逐渐收敛于"科学—技术—创新"范式。1945年布什发表了《科学:无止境的前沿》,首先提出了科技政策的重要性,至20世纪60年代末期,科技政策只是针对基础研究,主要是促进知识生产,关注如何资助研究开发、构建系统的科学探索途径,这一时期的政策称为科学政策。到了70年代,第二次世界大战的影响逐渐消退,随之发生了两次石油危机,这引起了各国政府,特别是发达国家政府的高度重视,开始认识到资源依赖的局限性和危机性,开始研究如何促进技术开发和应用。日本是这一时期的典型代表,提出了"科技立国"的口号,这标志着技术政策出现。在70年代中期至80年代,技术政策得到了快速发展,主要关注合作研究、产学研结合、扶持小企业等,重点转向促进技术创新,同时也出现了一些激励政策,如税收优惠、政府采购等。到了90年代,人们认识到技术创新的实现离不开系统的支持,因此,科技政策演进的基础转变成了基于创新系统的理论,随着创新系统理论的完善,其政策体系就变成了比科学政策、技术政策综合性更强的体系,形成了创新政策。

其次,由于科技政策制定的目的是引导、激励和支持创新活动,因而,在科技政策的演进中,与创新理论是互相学习、互相成长的。创新理论认为创新过程以往是"线性"模型,目前是"链环模型"。① 也就是说,创新过程是通过各创新主体之间的互动与反馈,循环往复,实现了创新并将其扩散。这种创新过程的复

---

① "链环模型"是由克莱因和罗森伯格提出的。

杂性、创新规律的多变性以及创新环境培养的艰难性,导致新的政策议题不断涌现,使创新政策的目标更加广泛,从宏观的经济和社会发展、微观的企业,扩展到更多方面的内容,产业层次就是其中之一。产业层次由于能有效缩短政府资助计划与市场转化之间的距离、推动技术创新的实现,因而产业层次的技术创新政策就变得尤为重要,是科技政策的重要发展方向。

最后,随着创新系统研究的深入,为产业创新政策奠定了理论基础。弗朗哥·马雷尔巴(Franco Malerba)在1999年提出了部门这一概念,与之相对应的创新体系是"部门创新体系"。所谓部门指的是如果预测到市场需求,部门创新体系就应该有针对性地开发或应用已有的技术,去生产一系列相互关联的、能满足市场需求的产品群。部门的范畴与产业所在的层次有一定的类似,但内涵上有所不同:部门的内涵比产业层次更宽泛,除了包含企业之间所发生的市场关系外,更强调联系和网络的作用,具有创新体系的特征。部门创新体系之所以重要,就在于推动一国经济增长的力量主要来自一些特定的部门,比如主导产业;不仅如此,国家创新体系的形成也来自不同的部门创新体系的推动。部门创新的模式总是在变化的,不同的产业、同一产业的不同发展时期,而且构成要素的作用程度也在变化,正是这些变化为产业创新政策的研究和制定奠定了基础。

二、产业创新政策形成的必要性和作用

1. 必要性

(1)产业这一层次有利于技术创新成长。任何技术创新的

成长都需要时间和空间,但因特点的不同而不同。一般来说,基础性的和影响深远的项目,要求的时间较长、范围广,影响时间短的和非基础性的技术创新所要求的时空范围小。技术创新活动可以在任何层次上发生,诸如企业、产业、国家、世界各个层次,也可以是各个层次的组合,但是产业却是最适合的层次:一方面,来自产业层次的技术创新,一定会调动企业包括中小企业的积极性,要求产业内的所有企业进行联合,最大限度地使用所有资源,沿着产业链从各个环节上进行突破,同时,所有参与的企业还能一起分担,从而降低创新风险。另一方面,产业创新是创新活动的根本目的,这一活动无论在哪一个层次上进行,所产生的结果——技术创新,最终都作用到产业层次上,因此,产业层面可以为技术创新提供需求。综上所述,产业创新政策是最有利于实现技术创新成长的政策。

(2)满足我国技术能力成长阶段的需求。与发达国家相比,发展中国家的技术成长轨迹是一个循序渐进的过程,金(1997)认为,是技术引进—消化吸收—自主创新的发展模式。基于我国的产业结构特征,赵兰香(1999)认为,我国完整的技术能力成长分为三个阶段:第一阶段是消费品工业通过引进技术,得到了发展壮大,处于模仿阶段;第二阶段是通过市场竞争,消费品的利润降低,要求产品在性能方面有所改进,给创新带来动力;第三阶段是当资金和技术积累到一定程度之后,通过消化吸收,使装备制造业的技术水平提高,满足新一轮消费品工业发展的需求,使消费品工业升级。这一技术能力成长过程是否完整决定了我国能否实现自主创新。

很显然,我国目前还处于不完整阶段,装备制造业的技术创新能力还达不到消费品工业的要求,这样,对产业创新政策提出了客观需求,以协调产业之间的平衡,解决我国目前的技术供求矛盾,完成技术创新能力成长。

（3）适应创新的产业差异。由于产业的基本属性、技术知识基础的不同,再加上技术创新的复杂性,导致不同产业的创新模式有很大的不同,而且进一步发展的规律差异也较大,但基本分为两类:一是"基于基础研究、科学发现而发展的产业",如制药业;二是"基于持续的技术进步而发展的产业",如家电业。不仅创新模式不同,从长期来看,在经济发展中的作用也是不同的,在一国的经济发展中,如果前者具有优势,一定会赶超其他国家,最终成为国际经济格局中的强者。

综观我国的创新政策,涉及产业层次的很少,基本没有关注到产业的差异以及关键产业在经济发展中的作用,因此在制定产业创新政策时,既要考虑研发投入包括资金投入方式、管理方式,也要考虑创新成果和市场化问题,以激发产业的创新潜能,同时基于国家长期发展战略,让"基于科学"和"基于技术"行业得到充分发展。

2. 产业创新政策的作用

奥尔特拉(1999)认为,制定技术创新政策的目的就是促进知识的产生、应用和扩散,因此科技政策的演变也都是以技术创新为核心内容,因此产业创新政策就是解决技术创新的相关问题。

（1）解决市场失灵问题。产业创新与其他层次的创新不一样,关注的是产业技术发展问题,主要解决关键技术和共性技术,满足大规模生产的要求。由于这些技术将在多领域内被广泛应用,导致其研发通常具有复杂性、不确定性,对投入要求高,承担的风险也大,取得收益的时间长,溢出效应高。很显然,这种可被共享并将产生深刻影响技术的开发,很难仅仅依靠市场机制来调节,必须出台相应的政策来支持,才能最大限度地调动资源。

(2)有效促进科技成果产业化。加速科技成果产业化是各国科技政策发展的新趋势,我国也不例外。据统计,我国科技成果的转化率不足 30%(2006 年 1 月),发达国家大概在 60%—70%。而产业这个层次的创新系统,由于参与的主体(企业群体、政府、科研机构、大学)较其他层次的创新系统联系得更紧密,如果政策适当,针对性很强,将更有利于调动创新主体的积极性,实现创新成果的应用,从而提高产业的技术水平,促进产业升级,提高产业竞争力。

(3)改善创新政策的实施效果。现有的创新政策由于没有与产业创新过程相结合,使其实施效果受到了很大影响,而产业创新政策随着一国经济发展侧重点的不同,运用不同机制,进行相应地调整和演化,因此,能有效改善政策实施的效果。产业创新政策在制定过程中,应做到:一是根据国家的发展战略目标、产业发展方向和技术发展重点,调整产业政策,引导科技政策;二是在制定过程中,必须与特定的技术和产业结构环境相一致,比如知识和技术的类型、成熟度等,以提高针对性。

综上所述,产业创新是一个很关键的层次,具有承上启下的作用,其核心是技术创新体系,由主导技术创新和与之匹配的多种技术创新组成,那么,产业创新政策就是通过激励、引导、选择、促进与控制等政策,促进产业创新,协调产业发展。

三、相关政策评价

总结各国创新政策实施的实践,我们发现创新政策越来越深刻地受到创新体系概念的影响。随着部门创新体系概念的出现,使主要国家产业创新政策得到了很好的应用。而我国的科技政策,如上所述,绝大部分是关于微观层次和宏观层次,考虑的是国家整体发展的需求,中观层次的相关政策较少,主要有:

1. 激励企业技术创新的政策

从我国创新政策的演进历程来看,从改革开放开始,我国就陆续出台了关于企业技术创新的政策。20 世纪 80 年代有火炬计划和建立科技型中小企业创新基金;1996 年出台了关于"在几家大型企业建立 R&D 中心"的意见,颁布了一些税收优惠鼓励政策;在 2006 年颁布《国家中长期科学和技术发展规划纲要》之后,又出台了大量的配套政策,形成了相对完善的科技政策体系。主要有:财税和金融政策、人才政策、政府采购政策、知识产权和技术标准政策、基地和平台建设等。这些激励企业技术创新的政策,其目的是培养企业成为创新活动的主体。综观政策的实施效果,总的来说,在一定程度上推动了企业的技术创新,但是这些政策由于没有考虑国家的发展战略,不一定符合产业发展规划以及产业的技术特征,使推动作用并不明显。

2. 产业技术政策

产业技术政策是政府引导、规范和干预产业技术发展的一系列政策总和,以产业技术进步为目标,以保障产业技术发展为手段,主要有技术发展政策、技术改进政策、技术引进政策、技术标准政策、技术商业化政策等。2009 年 6 月,政府相关部门①联合发布了《国家产业技术政策》,目前是我国最权威的产业技术政策,其主要内容是:建立以企业为主体的产业技术研发与创新体系;健全法律法规体系,规划和引导产业技术研发和应用;加强技术标准建设,完善知识产权制度;实施技术引进、消化、再创新的发展战略;支持企业"走出去",充分利用国际科技资源;健全产业技术服务体系,实施创新人才战略。

从上述《国家产业技术政策》的内容中可以看到,产业技术政策关注的是产业的技术发展,确定产业技术发展的前沿,实现产业技术的转化,最终实现产业发展的战略目标。产业技术政策并不关心创新链的上游阶段,忽视了知识能力的积累、知识的流动。

3. 产业的专项政策

所谓产业的专项政策是指政府为了实现一定的经济和社会目标而对产业的形成和发展进行干预的各种政策的总和,又称产业政策。制定这些政策的目的是调动有限资源,实现国家的赶超战略,推进工业化和现代化的进程。从产业政策的性质和作用范围看,主要有两种:一种是属于公共属性,针对所有的企业,政府所做的规制,包括市场准入标准、国际贸易规则、关税政策、竞争规则等;另一种具有特殊性,是针对个别产业制定的专项政策,如发展规划、投融资和税收等。

---

① 政府相关部门主要指:工业和信息化部、财政部、科学技术部、国家税务总局。

从 20 世纪 90 年代开始,我国陆续出台了一系列产业专项政策,如《九十年代国家产业政策纲要》《汽车工业产业政策》《水利产业政策》《西部地区水利发展规划纲要》《指导外商投资方向暂行规定》和《外商投资产业指导目录》等。特别值得一提的是,为应对金融危机,振兴产业和科技,2009 年国务院协同其他部门联合制定了十大产业的调整和振兴规划。[①]

上述的产业专项政策虽然考虑了国家发展战略和产业结构调整的目标、关注了各产业之间的差异,但却忽略了对不同产业在技术研发、转移和扩散中的具体支持。

4. 科技成果产业化政策

我国科技体制存在的最大问题,就是把科研机构与企业相分离,出现科技成果转化的问题。为了解决这一问题,我国相继出台了一系列法规和政策,目前,最具影响的是《中华人民共和国促进科技成果转化法》,于 1996 年 10 月 1 日开始实施,这个法律与《科学技术进步法》相配套,有利于规范科技成果转化活动,主要是确定了科技成果转化应遵循的原则、保障措施及技术权益的归属和分享。例如规定"科技成果转化活动,在保障国家和社会公共利益的情况下,可以享受应得的利益,承担相应的风险";知识产权应受到法律保护。

为了进一步调动科技人员和企业家的积极性,促进科技成果转化,1999 年,国务院颁布了《关于促进科技成果转化的若干规定》,着重高新技术成果转化问题,主要针对三个方面作出了

---

① 十大产业分别是钢铁、汽车、造船、石化、轻工、纺织、有色金属、装备制造、电子信息和物流业。

具体规定:鼓励高新技术研究开发与成果转化、完善高新技术成果转化的环境和保障高新技术企业的经营自主权。

目前,我国促进科技成果转化的相关政策法规还有:《关于以高技术成果出资入股若干问题的规定》《关于以高新技术成果出资入股若干问题的规定》以及《国家科学技术奖励条例》等。

从上述条例中我们可以看到,这方面的政策主要是针对创新链的下游(转移和扩散环节)来制定的,实践中取得了一定成效,在一定程度上解决了我国科技成果产业化问题,但由于各创新主体的创新行为并没有形成系统性,其执行效果也是局部的成效。

总之,在产业层次上,我国出台了很多政策,但由于缺乏系统性和紧密性,还没有形成真正意义上的产业创新政策。如果不及时制定,势必会使技术创新缺乏方向性,跟不上时代的发展。

四、产业创新政策形成的机制模型

如前所述,产业创新政策是科技政策演变的一个重要方向,因此可以由产业政策引导创新政策形成。产业政策由产业结构政策、产业技术政策、产业布局政策以及产业组织政策组成,其目标是使产业结构高级化或产业升级,因此产业结构政策处于核心地位,在国民经济发展中,由产业结构政策确定产业发展序列,其他政策是配合产业结构政策,确保产业发展的序列。创新政策随着技术创新复杂性的增加,涉及的内容逐渐增多,按照作用对象的不同,主要分为三类:一是内部体制政策,如科研机构的市场化改革、科技人员管理、R&D激励制度;二是外部效用政策,如高新技术企业建设、促进国家实验室向工业部门转移、科技成果产业化等;三是外部设施政策,如税收补贴、创新补贴、降低收入所得税和进出口税、科技奖励、知识产权保护、政府采购政策等。

产业创新政策形成的机制(见图4-6)是在产业政策引导下,对创新系统中创新主体进行布局,根据产业基本属性、技术知识基础的不同,调整创新政策,使其更适应创新过程,这样形成的创新成果不仅具有实用性,还具有前瞻性,达到产业升级的目的。这种适应于特定的技术和产业结构环境的创新政策就是产业创新政策。

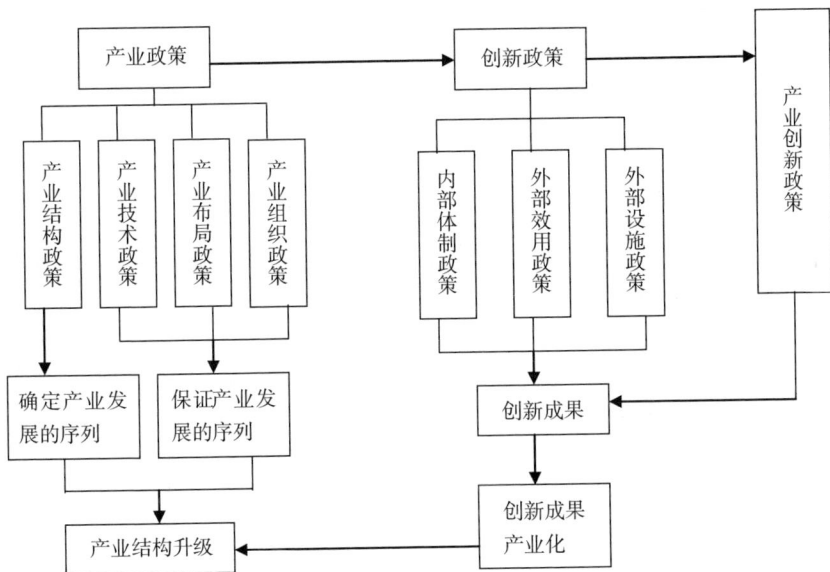

图4-6 产业创新政策形成机制模型

资料来源:根据相关资料整理得出。

本章对于技术创新政策问题的研究,是基于科技政策、创业风险投资引导基金政策和产业创新政策进行的。首先,通过对科技政策进行量化分析,找到我国科技政策的演进特征和存在的问题。本部分以《科技法律法规与政策选编(1985—2011)》中的全部462条政策为样本,从政策效力、政策目标和政策工具三个维度,对科技政策进行细化,继而从科技政策的颁布数量和效力角度,对科技政策进行评价。研究发现:我国科技政策经历了科学—技术—创新的演进范式,但与发达国家相比,演进较快;科技政策的效力普遍不足,尤其是技术政策和创新政策;政策目标体系中的政策,在数量上基本均衡,但对一些更有利于技术创新的政策,却重视不足;政策工具缺乏协调性,需求政策不仅数量不足,效力也较低。

其次,通过对创业风险投资引导基金发展历程的评价,找到了引导基金政策存在的问题主要有:第一,税收优惠力度不够;第二,对社会投资者激励的政策不足;第三,引导基金操作主体的绩效考核制度不健全;第四,吸引社会资本参与的机制不健全,忽视财产清算环节;第五,引导基金退出机制不健全。

最后,就产业创新政策相关问题进行了探讨。产业创新政策是科技政策演变的一个重要方向,以部门创新体系概念为基础,为产业创新政策的制定提供了理论依据,主要国家的产业创新政策体系也得到了很好的应用。产业创新政策有利于技术创新成长、满足我国技术能力成长阶段的需求、适应创新的产业差异,能有效解决市场失灵和科技成果产业化问题,从而能有效改善创新政策的实施效果,而在我国,虽然有很多相关政策,但实质性的产业创新政策却极其缺乏,因而值得相关部门重视。产业创新政策是在产业政策引导下,使创新政策适应于特定的技术和产业结构环境而形成的。

第五章　推动技术创新的体制机制设计、配套政策与对策建议

在熊彼特首次提出技术创新理论,即 20 世纪 30 年代末以来,关于技术创新的研究已经经历了大半个世纪,在西方经济学说史上占有重要的地位。随着资本主义经济的高速增长,目前已经形成了四个流派:一是新古典学派,代表人物有索洛和阿罗。该学派认为,经济增长率取决于资本和劳动以及随时间变化的技术创新(索洛残差),而且技术创新是核心源泉。但是新古典学派将技术创新过程看成一个"黑箱",并不关心内部的运作。二是新熊彼特学派,代表人物为曼斯菲尔德、卡曼和施瓦茨。该学派在熊彼特传统理论的基础上,继续强调技术创新和技术进步的核心作用,而且重视对"黑箱"内部运作机制的揭示。三是制度创新学派,代表人物有戴维斯和诺斯。该学派认为,经济增长的关键是设计一种制度,从而使每一活动在私人和社会之间收益率保持均衡。四是国家创新系统学派,代表人物有纳尔逊和弗里曼。该学派认为,技术创新不仅仅来源于企业家精神,而是在这个系统中,通过国家制度的安排和相互作用实

现的。

通过研究近300年的世界近代史,我们发现促进技术创新的制度安排对于一个国家的技术成长是多么重要,这也是西方国家工业技术持续成长,并在20世纪驶入"快车道"的原因,不仅如此,体制机制和配套政策及措施也是非常重要的。而我国由于长期在计划经济体制下运转,其低效的体制与机制抑制了企业家精神的培养和创新系统的完善,相应地形成了一种低效或无效的自主创新路径依赖,那么,怎样打破存在于历史中阻碍创新的桎梏机制,就成为破解我国难题的关键。为此,国务院颁布了《国家中长期科学和技术发展规划纲要(2006 — 2020年)》,并且提出"实施《规划纲要》,体制机制是关键"。这对于我国开展创新活动、实现自主创新意义重大。

技术创新是一根完整的链条,从创意的产生到商业化生产、销售,具体包括研究开发、设计、生产和销售,只有围绕某一个创新的核心主体,激发"创新链"中每一个环节都开展创新活动,才能使各创新主体链接起来,以实现知识的经济化过程。因此需要设计的体制机制和政策措施非常多。我国从20世纪80年代开始,科技体制进行有计划的改革,这期间也颁布了相关法律、法规和政策措施(如前所述),在一定程度上推动了技术进步和科技发展,但仍有不足之处。如曹阳和李林(2006)认为,促进企业技术创新的关键是要建立科学的激励机制,以降低创新成本和不确定性及风险,提高创新收益,并提出了具体的激励方案。韦惠兰和黄家飞(2008)认为,路径依赖是企业创新所面临的最大难题,他们以演进的视角,分析了我国路径依赖的负强化机制,有针对性地提出了规避和摆脱锁定状态的对策。尚勇

（2008）就体制机制创新的若干个重点问题提出了以下几个观点：围绕提升技术创新能力深化企业制度改革；围绕提高重点产业创新能力组建创新联盟；面向中小创新企业加快创业环境培育；围绕提高原始创新能力改革科研管理制度；围绕提高国家创新效率改革科技宏观管理。合肥工业大学管理学院刘洪教授负责的国家社会科学基金项目的最终成果是《促进科技成果向现实生产力转化的对策研究》，该报告从促进科技成果的供给、需求、转移和转化过程的四个方面提出了政策体系框架，共有24项政策建议。

纵观国内研究，大多都是针对具体问题，实质上是围绕"创新链"的某一个或几个环节进行的，没有充分考虑各环节和各创新主体之间的联系，在体制机制设计和制定创新政策时，没有考虑集成度和协调性的问题，因此提出的体制机制和政策措施建议具有局限性，总之，这个问题有待深入研究。

任何应用都是以理论研究为基础的，一般来说，理论研究不是引起管理手段上的变革，就是引起人们思想的变化，具有极大的推动作用。从历史上看，经济低迷时期最容易发生重大技术变革，因此针对我国的现状，从理论上系统研究体制机制和政策措施，不仅意义重大，而且有利于我们加快改革的步伐，抓住机遇，增强技术创新能力，成功实现产业升级。同时为制定和修改法律法规提供依据。

不仅如此，一个国家的技术创新，以什么为主体，这是关系到一国的创新体系是否完善的问题。创新主体的演变历史告诉我们，企业作为一种社会经济组织，由于能够承担市场、科技成果转化的责任，因此是真正的创新主体。但在我国科技体制改革过程中,技术创新主体仍然呈现模糊错位的现象,目前的科技投入仍然以企业为主,所以研究创新主体"回位"的体制机制和政策措施问题,有利于我国创新系统的完善和创新主体的形成以及功能的正常发挥。

第一节　激励技术创新的体制机制设计

完善的技术创新体系应以企业为主体,产品开发以市场为导向,通过产学研相结合的方式来实现,因而,推动技术创新的体制机制就应按照创新过程的各个环节进行设计。

一、在科学研究和技术开发环节

1. 实施知识产权战略

完善的知识产权制度,不仅能有效激励科技人员开展创新活动,而且能有效促进科技成果实现产业化,更好地实现经济增长和生产力水平的提高。这要从两个方面进行:一要保护,就是要加大知识产权保护执法力度,设计的机制是建立健全专利预警、维权援助的机制。二要激活,切实强化知识产权的激励动能,在技术要素与收益分配方面设计机制,使技术贡献与创新报酬相匹配。

2. 完善创新投入机制

创新投入是技术创新的必备条件,这种投入既包括政府投入,也包括企业投入,政府投入的资金数量、作用和效率都有限,绝大部分应依赖企业投入,企业投入是企业成为创新主体的重要特征,是技术创新的关键,因此应制定促进企业进行投资的机制,而重新制定国企负责人业绩评价体系是强化企业成为创新主体的有效机制。纳入的考核范围有技术创新投入、能力建设和成效,可以适当地将部分创新投入视作业绩利润;对于特殊企业而言,比如科技型企业,如果承担的是国家和行业共性技术研究,除调整考核指标外,还应将在研发阶段所采取的措施及成效纳入考核范围,使管理者既要考虑短期利益又要兼顾长期利益,同时,约束他们不能以减少投入为手段增加利润。

根据国际经验,政府投入主要有两种形式:一是建立稳定的增长机制,这在我国已经实行了很长时间;二是设立专项资金支持制度,这在我国刚刚起步。通过对专项资金进行运作,引导地方政府、风险投资机构、企业以及金融机构进行技术创新投入,为企业提供良好的创新环境。同时,政府采购制度也是引导企业投资的有效机制,借鉴欧盟、美国等的做法,对于自主开发的产品、优先发展的产业、需要重点扶持的产品和服务,我国应制定完善的政府采购制度:首次投放市场的,政府应当率先购买;尚待研究开发的,政府制定投资和技术标准,对相关科研机构或者高等学校进行招标,并予以订购。

目前,政府科技投入最主要的形式就是创业风险投资引导基金,很多国家在创业投资业发展的初期都采取了这一模式,也确实取得了很大成效,比如以色列,就是得益于创业风险投资引导基金的示范效应,才使其能成为创业投资业的后起之秀。引导基金设立的目的是发挥财政资金的杠杆放大效应,通过设立引导基金,吸引私人投资和创业投资公司资本,既弥补创业资金不足问题,又避免政府过分干预。虽然引导基金能避免上述问题,但随之而来也会产生其他问题:第一,委托代理链很长:从出资人(政府资本+创业投资公司资本+私人资本)→创业投资家→创业企业家,而且分散,导致信息不对称程度过大,会出现委托代理问题。当然,在出资人之间也会出现政府资本如何激励私人资本的问题。第二,目标相冲突。政府追求的目标是社会目标,倾向于投资有利地区发展的产业,努力使社会福利最大化;私人资本以实现赢利为目的,单纯追求收益大、风险小而且发展前途比较好的企业,需要权衡收益和政府目标之间的矛盾。因此,就引导基金而言,应设计如下的机制:

(1)风险资金投入的机制。对于一些科技型创业企业而言,当处于种子期和起步期时,由于技术尚不成熟,没有建立起品牌效应,在市场上并不能获得很多收益,现金流存在明显不足,如果这时仅依靠传统的融资方式,比如内源融资、自有资金等,由于风险较大,融资量较小,融资规模满足不了要求。引导基金具有"四两拨千斤"的作用,但必须出台相应的政策,完善其相应的机制设计,才能把引导基金的作用发挥出来,达到吸引社会资本、私人资本参与的目的,满足资金的要求。

(2)风险补偿机制。引导基金是公共资本,一般情况下,投资领域都是低收益的项目,一方面,这是由基金本身的性质决定的;另一方面,引导基金所投资的项目无论成功与否,政府都有一定收益,尤其是社会效益。而对于私人资本而言,如果不能满足私人资本的预期收益,引导基金就会对私人资本产生挤出效应。所以,为了吸引私人资本的进入,设计补偿机制是非常必要的。根据孟卫东等（2010）的研究，假设私人投资者是风险规避的，事前承诺对投资基金的亏损进行补偿，可以吸引更多的私人资本进入。国内外很多国家和地区都制定了补偿机制：如英国贸工部规定，当基金投入的项目失败时，政府投入部分先损失，而对私人资本而言，提供20%的资本损失保证（DTI，1999），也就是说有20%的补偿；成都设立创业风险补偿专项资金，对于每个创业投资企业，最高的风险补偿为300万元人民币/年；《山西省风险投资企业管理暂行办法》第20条规定："风险投资企业……可以按照当年总收益的3%至5%提取风险补偿金，用于补偿以前年度和当年的投资性亏损。风险补偿金余额可以按年度结转，但其补偿的金额不得超过该企业年末净资产的10%。"《沈阳市促进科技风险投资业发展若干意见》规定："为支持创业投资机构投资高新技术企业，减少投资风险，专门设立创业投资补偿机构，当创业投资失败发生全额损失或所投企业破产清算时，经认定，按照投资额可从创业投资补偿金中给予一定的补偿。"

（3）投资项目选择的激励机制。通常情况下，创业投资者在选择项目时，追求的目标是收益最大化，然后按照分成制契约，从而满足投资者的激励相容约束。但是，引导基金在选择项目时，由于必须达成社会目标，所以需要设计合适的激励契约，体现出政府对共同投资的私人投资者以及创业投资公司让利和激励的意图，使他们自愿跟随政府去选择项目，从而实现引导基金的目标。以色列YOZMA引导基金的做法是这样的，在私人投资项目存在的最初5年内，在引导基金退出时，允许私人投资者以事先议定的折扣价格去购买YOZMA基金的期权和7%的未来利润。可见,对私人投资有极大的吸引力。我国也有相应的规定,"引导基金按照投资收益的50%作为共同投资的创业投资企业支付管理费和效益奖励"。澳大利亚创新投资基金也规定,"在政府和社会投资者收回投资本金以及按政府长期债券利率计算的利息收入后,剩余收益的72%分配给社会投资者,18%分配给基金管理团队,余下的10%由政府获得"。由此可见,项目选择时激励机制的设计是必不可少的。

(4)技术评估机制。引导基金投资的项目一般都是高新技术,高新技术通常具有高风险、处于科技前沿,既复杂,又存在很大不确定性,主要表现在:一是项目在开发过程中,由于一些项目离实现还有一段距离,属于构想或者构思,所以能否实现产业化,技术本身具有不确定性。二是在技术应用过程中,能否成功,还取决于创业企业的技术能力,主要指技术和产品开发能力以及生产工艺能力,而创业企业的技术能力具有不确定性,很可能开发难度不大的技术,也有不成功的风险。三是技术开发和应用之间也有不确定性。也就是说,技术与产品之间的兼容性不强,主要是来源于技术标准不统一,这将对产业内的分工和协作产生很大影响,特别是在创业初期,尤其严重。

当然,影响这些不确定性的因素也具有不确定性,主要有:创业企业的技术能力、创业企业与科研机构的合作关系、创业企业家的精神、创业投资家的判断能力、政府制定技术标准水平的高低和跟进是否及时。所以,为了使创业项目取得成功,创业投资企业应建立技术评估机制,在创业企业进行项目选择、经营、管理和决策中发挥作用,并且针对参与人和创业者设计激励和约束机制。

（5）风险投资家的激励和约束机制。在风险投资中，即使创业投资企业参与创业企业的管理、投入资金和相关知识，他们之间仍然存在信息不对称问题，使创业投资企业不能完全保证获得较高的投资收益。这样，从激励和约束两方面影响风险投资家的行为，约束他们的选择，避免可能采取的机会主义行为。

约束机制。所谓约束机制就是对风险基金的投资行为有明确的要求。如澳大利亚创新投资基金（IIF）引导基金规定的投资范围为：发展阶段正处于种子期、早期或扩张期；技术属于正在进行商业化的；位于澳大利亚境内（考核指标为大部分雇员和高比例价值的资产）；对于年投资收益也有要求（前两年不得超过 400 万美元，任意一年不得超过 500 万美元）。再如，前种子期政府创业投资项目（PSF）引导基金提出的要求为：创业企业与大学或研究机构有较好的配合；针对所开发的项目，他们至少拥有 50% 的知识产权。我国也有相应的规定，在《关于创业投资引导基金规范设立与运作的指导意见》中明确指出："跟进资金仅限于创业投资企业投资于早期创业企业或需要由政府重点扶持和鼓励的高新技术等产业领域的创业企业。"

中断机制也是约束机制的一种，由于创业投资企业不是一次性地将创业企业所需的资金全部投入，而是按照其发展阶段进行渐进式的投资，这样，创业投资企业就会保留中断投资的权利；评估与管理监督机制，就对其进行必要的管理、评估、监督与建议。

激励机制，在澳大利亚是指允许基金管理者收取略高于市场标准的管理费率(据 Venture Economic 统计,标准通常为2%),前种子期政府创业投资项目创业风险投资引导基金收取认缴资本3%—3.5%的管理费,比创新投资基金创业风险投资引导基金高,是因为前种子期政府创业投资项目创业风险投资引导基金的投资阶段要早于创新投资基金创业风险投资引导基金。

合理的有激励作用的薪酬制度:一是薪酬收入,也称为固定收益;二是可变收益,也就是指创业投资企业会通过股权奖励、期权奖励等保有对剩余进行索取的权利。

(6)人才保障机制。决定创业投资成功与否的关键是人才,这样的人才必须具备较高的素质、复合的知识结构,既懂得技术,又精通管理,还得具备法律、金融和财务方面的知识。很显然,这在我国是极其缺乏的,因而成为制约创业投资发展的重要因素。为了使风险投资事业顺利发展,必须设计人才保障机制,以建立和储备一支稳定的人才队伍。

(7)退出机制。政府引导基金要发挥最大效益,必须要设计完善的退出机制,这种机制应该是既能使引导基金持续发展,又有利于吸引社会资本的参与。一方面,退出年限不能太短。据统计,科技型创业企业一般平均需要3年左右才能度过危险期,真正获得收益通常要7—10年的时间;另一方面,如果存续期限太长,不仅不能保证资金的正常运转,而且还会对社会投资产生挤出效应。设计机制的方向是,给予社会参与者优先购买的权利,给社会投资者带来很大的收益,但不承担必须购买的义务。以色列YOZMA在退出时,就把优先权给了共同投资的私人部门投资者,价格为初始成本加上每年7%的利息,收益和吸引力都是很大的。我国实施的规定为："引导基金投资形成的股权,其他股东或投资者可以随时购买。自创业风险投资引导基金投入后 3 年内购买的,转让价格为引导基金原始投资额;超过 3 年的,转让价格为创业风险投资引导基金原始投资额与按照转让时中国人民银行公布的 1 年期贷款基准利率计算的收益之和。"

二、在中试生产阶段

进入到这一阶段,技术变得更加成熟和稳定,而且形成了一系列有利于产业化的技术。这一阶段最需要的就是资金的支持,由于存在一定的风险,所以大部分国家都是依靠风险投资基金来支持的。在美国,支持的比例超过 50%;在我国,资金的来源结构是:国家科技计划贷款占到 26.8%,弱 1/3,自筹为 56%,占绝大多数,风险投资基金仅有 2.3%,比例太低。这样就需要设计中试阶段风险投资基金参与的机制,具体机制的维度可以参见前文。

与此同时,合理配置科技投入的机制也需要设计,以往的经费主要投入到研发阶段,而中试和产业化阶段投入得较少,所以,机制设计的原则应是统筹以及协调科技投入,逐步加大后两个阶段的投入比例,使科研、中试和产业化阶段经费比例科学合理。

三、在经营管理和市场营销阶段

当科研成果进入到产业化之后,需要大量的经营管理型和市场开拓型人才,这里人才的范畴比较广泛,有负责人、管理人员和技术骨干,为了培养和留住人才,必须建立人才培训和激励机制。如岗位分红权、股权期权等一般激励机制,股票期权等中长期激励机制。

特别地,在市场营销阶段,政府采购以及订购制度是非常必要的,当然这需要建立严密的创新产品及技术界定体系、客观公正的技术创新与评估标准体系,进一步规范评价标准、评价的认定机构以及评价认定机构的责任权利体系等。

第二节　推动技术创新的政策措施

技术创新政策与技术创新投入以及技术创新计划的协调演进能加快技术创新的步伐。从技术创新政策的演变历程来看,至今已有 70 年,从国际经验来看,各国均重视创新政策体系设计,而且逐步完善。我国也应如此,在完善创新体系的过程中,针对创新链的各个环节,注重政策措施的设计。

一、激励各创新主体研发的政策措施

在创新体系中,创新主体主要有高校、科研机构和企业,为了充分调动创新主体的自主性、积极性和创造性,推动企业成为创新主体,应设计如下的政策:一是对科研人员而言,对于由国家财政资金支持项目所取得的科研成果,如果不违反国家规定①,可以授予项目负责人依法运用。二是与其他国家一样,通

---

① 不违反国家规定的科研成果是指除涉及国防利益和其他国家安全以及重大社会公共利益之外的知识产权。

过一些优惠政策,激励企业进行科技投入:通过扩大税前抵扣力度,体现税收优惠政策;加速研究开发仪器设备的折旧,在财务方面给予优惠;通过降低专利申请费、年费以及年审费等,给予自主知识产权成果一定的补给。三是应完善国有企业负责人考核体系,在年度或任期考核体系中取消 GDP 等指标,加入与技术创新有关的考核指标和特别的奖励政策,发挥企业家在技术创新中的作用。

二、完善创业风险投资引导基金的政策措施

随着《关于创业投资引导基金规范设立与运作的指导意见》出台,说明我国引导基金的管理模式有一定的规范性,委托给社会机构管理,可以有效避免政府的"寻租"行为,这是有利于引导基金健康发展的方面,但同时,由于引导基金与社会机构之间目标不一致,不可避免地产生委托—代理问题。这样,一方面管理机构的选择是非常重要的,必须通过市场化的途径,才能找到合格的管理机构。另一方面也要针对管理机构出台相关的政策,避免机会主义行为,解决激励与约束问题。同时,也要针对创业失败带来的潜在损失,出台相应的政策,给予足够的补偿。总之,为了实现"引导"功能,引导基金的政策调整主要如下:

1.进一步完善税收优惠政策

制定税收优惠政策主要有两个环节:一是风险投资者环节;二是创业投资企业环节。我国应借鉴国外经验,采取多种形式加大税收优惠力度,如采用免税、减税、延期纳税;降低税收优惠

门槛;免征或减征资本利得税,消除双重征税现象;制定有差异的产业税收优惠政策。

2. 对社会管理机构的权限进行限制

社会管理机构与政府引导基金之间也存在委托—代理问题,因此不能完全把重大事项决策权交给社会管理机构。为了调动其积极性,只能通过制定合理的投资收益分成政策来激励和约束其行为。当然,投资阶段的不同,分成的比例也不同。通常来说,投资的阶段越早,分成的比例越高。只有这样,才能吸引优秀的人才和社会管理机构去运营创业风险投资引导基金,同时有利于实现政府的既定目标。

3. 完善引导基金的考核办法

综合来看,对于引导基金的考核主要体现在两个方面:社会效益和经济效益,两者缺一不可。合理的目标体系和考核方式能有效发挥杠杆作用,弥补市场的缺陷和不足,保证引导基金宗旨的实现。具体从以下几个方面进行考核:进入投资企业的发展阶段、引导基金吸引社会投资的规模、投资企业创业成功的比例、政府基金退出的收益、退出后企业的经营状况、投资引导的行业是否是高新技术产业等。

4. 完善引导基金的退出机制

在引导基金的退出方式和时机方面要作出明确的规定,其规定要科学和合理,要有益于社会资本,达到真正扶持创业企业的目的,体现"不与民争利""却与民分忧"的宗旨。

5.完善吸引和稳定优秀创业投资管理人才的政策

创业投资机构的经营管理水平直接影响引导基金的效率，有效的激励机制是非常必要的。同时，应设置和改革高校的相关课程，培养专业的创业投资管理人才；与境外的投资机构进行合作，利用溢出效应，提高人才的专业能力和水平。

三、鼓励科技成果转化的政策措施

科技成果转化是一项非常复杂的工作，政策措施是必不可少的，应涵盖多个维度：第一，财政支持政策。支持建立促进科技成果转化的部门、机构以及市场，如企业孵化器、知识产权成果转让市场、成果认定和成果转让机构等。第二，在科技成果转化过程中改革分配制度，即实现技术资本化、要素分配细分化、资本人格化，使分配的形式多样化，保证了科研人员的利益，调动了科研人员的积极性，比如可以采用股权分配、股票期权和效益奖励办法进行分配，所以对科技人员既可以进行股份奖励，也可以给予奖金形式的奖励。第三，税收减免政策。这里有两层含义：一是对中试产品免税，"中试产品"从严格意义上说，只是研究开发过程的延续，还不是"产成品"，对其免税是符合"税不重征"原则的；二是高等院校和科研机构在科技成果转移过程中，不仅要做到不需要审批，而且技术转让的所得也可以享受企业所得税优惠，这可以有效调动科技成果转让的积极性。第四，改革科技管理体制。将科技人员开展科技成果转化情况作为研发人员在专业技术职务评聘和人才层次申报中的重要考核指标，可以促进高等院校和科研机构开展科技成果转化活动。

四、促进产学研合作的政策措施

通过产学研合作能有效促进技术创新所需各种要素的组合,因此积极构建产学研创新体系成为必然。首先,通过孵化器鼓励产学研合作,通过政府提供风险资本、低息贷款、税收优惠等政策鼓励合作创办高新技术企业。其次,对于到企业流动工作的科研人员不仅要保留人事关系,而且可享受一定的工资奖励;如果是科研人员自己创办企业,可以享受一定数额的无息贷款,而且偿还期可以适当长一些。

五、改善创新环境的政策措施

改善创新环境,有利于企业获得资金支持。首先,针对我国投入方式还比较单一这一状况,应优化财政科技投资结构。目前主要有两种形式:一是直接拨付资金用于科研机构的运行支出;二是以项目形式对创新活动进行资助。今后,应注意采取间接投入方式①,发挥"四两拨千金"的杠杆效应。其次,拓宽投融资渠道。大力扶持创新型中小企业发展信用担保机构,再次加大与国家开发银行的合作,建立软贷款科技平台;健全政府性担保机构,提高由贷款担保损失补偿资金在保余额内按规定给予的限率补偿;支持政策性银行、商业银行开展知识产权权利质押业务试点。

第三节　推动企业成为创新主体的对策建议

一个国家的技术创新,以什么为主体,这是关系到一国的

---

① 间接投入方式是指:贴息贷款、风险补偿、股权投资、绩效奖励等。

创新体系是否完善、创新是否有效率的关键问题。创新主体的演变历史告诉我们,企业是创新的主体,这是由企业作为一种社会经济组织能够承担市场、科技成果转化的责任所决定的,是创新经济学赖以形成发展的基础。具体提出的对策建议如下:

一、加快要素市场的改革,形成倒逼机制

依靠财政资金支持开展创新活动,这在大多数发达国家工业化发展初期也是常见的,但随着竞争的加剧,再加上市场经济体制比较完善,企业迅速增加了 R&D 投入,很快就成为创新主体。比如美国,在 20 世纪五六十年代,政府提供主要资金投入,在 1964 年达到 66.5%,到 2000 年却降到 26.3%,下降速度很快。但是这种下降不是绝对下降,而是相对于企业 R&D 资金的快速上升而言。随着我国市场经济体制改革,尤其是要素市场的改革,使企业逐渐认识到只有通过技术创新,才能降低成本,获得竞争优势,形成企业增加技术创新投入的倒逼机制,加快企业成为技术创新主体的步伐。

二、通过科技体制改革,形成良好的创新环境

企业成为技术创新主体,需要双重努力,既需要经过企业自身建设,又需要外部环境的适应性变化,在这一过程中,科技体制改革会产生很大的影响,甚至是解决问题的关键。我国科技体制改革过程中,在一定程度上促进了科技发展,但创新资源的配置方式还没有完善,导致科技人员为了获得经费、职称晋升,盲目地跟着项目跑,围着项目转,注重获得项目,忽视项目

的研发和应用,很显然,没有有效配置创新资源。那么,今后科技体制改革的方向应是构建科技系统的整合与优化机制,具体:一是改革科技管理体制,对于政府资助的项目,要完善评估和监督机制,注重结果的评价,提高科研成果水平。二是对于应用技术开发的项目,要以市场为导向,注重与企业的结合;项目资助机制也要进行变革,将过去以政府投入为主,通过制定相应的激励(比如,税收优惠政策),改变为由企业直接投入为主。

三、利用专项资金推动企业建立研发组织机构

企业作为一个组织,只有拥有研发中心,产学研联盟,创新网络,才能成为一个合格的创新主体。但从我国的发展现状来看,大多数企业还缺乏这样的条件,因此需要政府和企业共同努力。从各地区的发展经验来看,政府建立专项资金推动企业完善研发组织机构是非常有效的。例如,北京市政府于 2005 年开始实施专项资金资助计划,5 年总投入大约 5000万元,支持了近 200 家研发机构,使企业的研发机构获得了充足的发展。仅 2009 年,北京市百余家经费就达到了 60 亿元,杠杆效应是非常明显的成果,2008—2010 年获得软件著作权300 多项,申请发明专利 3000 多项,形成国家或行业技术标准600 多项。

任何应用都是以理论研究为基础的,沿着"创新链"中每一个环节进行体制机制设计和提出政策措施保障,能提高创新效率,完善我国的国家创新体系,而且有利于我们抓住机遇,增强

技术创新能力,成功实现产业升级。本章针对我国技术创新在推动产业升级过程中存在的问题,结合有利于技术创新的制度安排,提出了完成技术创新过程的体制机制设计和政策措施。并对我国企业如何成为创新主体提出了相应的对策建议。

参考文献

［1］崔国平:《中国制造业技术效率变化及其决定因素:
1996—2005》,《工业技术经济》2009 年第 7 期。

［2］程华:《中国技术创新政策演变、测量与绩效实证研究》,经济科学出版社 2014 年版。

［3］曹宏杰、张锴雍、许荣、夏有力、郭露:《创业投资基金如何退出》,《经济理论与经济管理》2000 年第 5 期。

［4］曹洪军、赵翔、黄少坚:《企业自主创新能力评价体系研究》,《中国工业经济》2009 年第 9 期。

［5］曹阳、李林:《我国企业自主创新的促进机制及政策分析》,《中国科技产业》2006 年第 8 期。

［6］陈春明、吴会玲、吴昕运:《我国大中型工业企业自主创新能力影响因素研究》,《经济纵横》2013 年第 4 期。

［7］陈和:《创业投资的政策性引导基金模式研究》,《科学学与科学技术管理》2006 年第 5 期。

［8］陈静、雷厉:《中国制造业的生产率增长、技术进步与技术效率——基于 DEA 的实证分析》,《当代经济科学》2010 年第

4 期。

[9]陈力田、吴志岩:《战略转型背景下企业创新能力重构的二元机理:信雅达 1996 — 2012 年纵向案例研究》,《科研管理》2014 年第 2 期。

[10]陈力田、赵晓庆、魏致善:《企业创新能力的内涵及其演变:一个系统化的文献综述》,《科技进步与对策》2012 年第 14 期。

[11]陈诗一:《中国工业分行业统计数据估算 1980 — 2008》,《经济学》(季刊)2011 年第 3 期。

[12]陈劲:《新形势下产学研战略联盟创新与发展研究》,中国人民大学出版社 2009 年版。

[13]财政部财政科学研究所课题组贾康、罗建钢、赵全厚:《促进我国自主知识产权成果产业化的财政政策研究》,《经济研究参考》2007 年第 22 期。

[14]丁冰:《当代西方经济学派》,北京经济学院出版社 1993 年版。

[15]丁晓君:《风险投资中委托代理风险的控制》,《技术经济与管理研究》2004 年第 1 期。

[16]段晶晶:《产学研协同创新绩效提升路径研究——一个理论分析框架》,《内蒙古社会科学》(汉文版)2014 年第 3 期。

[17]段文斌、尹向飞:《中国全要素生产率研究评述》,《南开经济研究》2009 年第 3 期。

[18]杜辉:《企业技术创新的内涵和运作模式》,《西安石油学院学报》1999 年第 3 期。

［19］［美］道格拉斯·C.诺思:《制度、制度变迁和经济绩效》,刘守英译,上海人民出版社、上海三联出版社1994年版。

［20］［美］道格拉斯·C.诺思:《经济史中的结构与变迁》,陈郁、罗华平译,上海三联书店1991年版。

［21］范柏乃、段忠贤、江蕾:《中国自主创新政策:演进、效应与优化》,《中国科技论坛》2013年第9期。

［22］［荷兰］范·杜因(Van Duyn):《经济长波与创新》,刘守英、罗靖译,上海译文出版社1993年版。

［23］樊根耀:《论创新主体的历史变迁》,《西安电子科技大学学报》2000年第1期。

［24］傅家骥等:《技术创新学》,清华大学出版社1999年版。

［25］傅晓霞、吴利学:《中国地区差异的动态演进及其决定机制:基于随机前沿模型和反事实收入分布方法的分析》,《世界经济》2009年第5期。

［26］傅晓霞、吴利学:《技术效率、资本深化与地区差异——基于随机前沿模型的中国地区收敛分析》,《经济研究》2006年第10期。

［27］高新和:《产业升级的本质与内涵探讨》,《顺德职业技术学院学报》2009年第12期。

［28］葛峙中:《风险投资中的委托代理问题与激励约束机制》,《科学学与科学技术管理》2002年第7期。

［29］龚建立、徐炳炳、王飞绒:《政府性创业投资引导基金的运行模式研究》,《经济纵横》2007年第15期。

［30］郭明杉、杨波、孙长雄:《风险投资有限合伙制激励约

束机制研究》,《商业研究》2008 年第 2 期。

[31]何枫:《经济开放度对我国技术效率影响的实证分析》,《中国软科学》2004 年第 1 期。

[32]胡海波:《产业自主创新能力评价指标体系构建及实证检验》,《财经问题研究》2010 年第 9 期。

[33]胡求光、李洪英:《R&D 对技术效率的影响机制及其区域差异研究——基于长三角、珠三角和环渤海三大经济区的 SFA 经验分析》,《经济地理》2011 年第 1 期。

[34]黄凌云、李星、鲍怡:《我国制造业技术效率的测度分析》,《科技进步与对策》2011 年第 4 期。

[35]华桂宏、周家兴:《论科技创新与经济发展》,《南京师大学报》1998 年第 1 期。

[36]韩红丽、刘晓君:《产业升级再解构:由三个角度观照》,《改革》2011 年第 1 期。

[37]金雪军、杨晓兰:《基于演化范式的技术创新政策理论》,《科研管理》2005 年第 3 期。

[38]经济学动态编辑部:《当代外国著名经济学家》,中国社会科学出版社 1984 年版。

[39]经济合作发展组织(OECD):《技术创新统计手册》,中国财政经济出版社 1993 年版。

[40]《科技法律法规与政策选编》,科学技术文献出版社 2010 年版。

[41]《科技法律法规与政策选编》,科学技术文献出版社 2012 年版。

[42]孔翔、Rorbert E.Marks、万广华:《国有企业全要素生产

率变化及其决定因素：1990—1994》，《经济研究》1999 年第 7 期。

［43］孔欣欣：《部门创新体系：一个影响当今产业创新政策的重要概念》，《科学学与科学技术管理》2008 年第 2 期。

［44］林苞、雷家骕：《不同产业创新的差异与国家的科技政策》，《工业技术经济》2012 年第 9 期。

［45］李晨光、张永安：《创新科技政策作用要素及其响应研究述评》，《技术经济》2013 年第 3 期。

［46］李春艳、刘力臻：《产业创新系统生成机理与结构模型》，《科学学与科学技术管理》2007 年第 1 期。

［47］李朝晖：《基于委托代理的创业投资引导基金管理模式研究》，《科技进步与对策》2011 年第 23 期。

［48］李建花：《科技政策与产业政策的协同整合》，《科技进步与对策》2010 年第 8 期。

［49］李嘉明、乔天宝：《高新技术产业税收优惠政策的实证分析》，《技术经济》2010 年第 2 期。

［50］李小宁、张竹均：《中国技术创新活动的体制分析》，《中国科技论坛》1999 年第 3 期。

［51］李宇、张雁鸣：《大企业情境下企业家精神驱动的创新成长导向研究——以苹果公司为例》，《科学学与科学技术管理》2013 年第 1 期。

［52］李湛、张华：《浅谈政府创业投资引导基金的监督和激励机制设计》，《商业会计》2013 年第 12 期。

［53］李永威：《民族振兴的曙光——回眸全国技术创新大会典型交流材料》，《科技与法律季刊》1999 年第 3 期。

[54]李兆友:《论技术创新主体间的协同》,《系统辩证学学报》2000年第2期。

[55]李振京、张林山:《"十二五"时期科技体制改革与国家创新体系建设》,《宏观经济管理》2010年第6期。

[56]林毅夫、蔡昉、李周:《比较优势与发展战略——对"东亚奇迹"的再解释》,《中国社会科学》1999年第5期。

[57]刘冰、王发明、毛荐其:《基于全球技术链的中国产业升级路径分析》,《经济与管理研究》2012年第4期。

[58]刘凤朝、孙玉涛:《我国科技政策向创新政策演变的过程、趋势与建议——基于我国289项创新政策的实证分析》,《中国软科学》2007年第5期。

[59]刘凤朝、潘雄锋、王元地:《东北老工业基地技术创新能力评价》,《中国科技论坛》2004年第7期。

[60]刘会武、王胜光:《创新政策系统分析:钻石模型的提出及应用》,《科学研究管理》2009年第4期。

[61]刘红玉、彭福扬、吴传胜:《战略性新兴产业的形成机理与成长路径》,《科技进步与对策》2012年第11期。

[62]刘海波:《技术经营:一种新兴的创新模式》,《财贸经济》2004年第5期。

[63]刘红光、刘科伟、张继飞:《国外推进自主创新的政策模式及其对我国建设创新型城市的启示》,《科学学与科学技术管理》2006年第11期。

[64]刘健钧:《建立我国创业投资政策扶持机制的对策探讨》,《宏观经济管理》2003年第8期。

[65]柳卸林、高太山:《中国区域创新能力报告2014——创

新驱动与产业转型升级》，知识产权出版社 2015 年版。

[66]柳卸林：《技术创新经济学》，中国经济出版社 1993 年版。

[67]鲁·特·彭南特—雷亚、克莱夫·克鲁克：《西方经济学评价》，中国对外经济贸易出版社 1990 年版。

[68]罗志如、范家骧、厉以宁、胡代光：《当代西方经济学说》（下），北京大学出版社 1989 年版。

[69]米建华、谢富纪、蔡宁：《创业投资促进技术创新集群的机制及路径研究》，《科技进步与对策》2010 年第 8 期。

[70]马建峰：《美国科技政策与技术创新模式的协同演进研究》，《科技进步与对策》2012 年第 1 期。

[71]孟卫东、王利明、熊维勤：《创业投资引导基金中公共资本对私人资本的补偿机制》，《系统工程理论与实践》2010 年第 9 期。

[72][英]玫·笛德、约翰·本珊特、基思·帕维特：《创新管理——技术、市场与组织变革的集成》，陈劲、龚淼、金郡译，清华大学出版社 2002 年版。

[73][美]梅丽莎·A.希林：《技术创新的战略管理》，谢伟译，清华大学出版社 2005 年版。

[74]宁连举、李萌：《基于因子分析法构建大中型工业企业技术创新能力评价模型》，《科研管理》2011 年第 3 期。

[75]P.斯通曼：《技术变革的经济分析》，机械工业出版社 1989 年版。

[76]彭纪生、孙文祥、仲为国：《中国技术创新政策演变与绩效实证研究（1978—2006）》，《科研管理》2008 年第 4 期。

［77］彭玉冰、白国红：《谈技术创新与政府行为》，《经济问题》1999 年第 7 期。

［78］钱苹、张帏：《我国创业投资的回报率及其影响因素》，《经济研究》2007 年第 5 期。

［79］钱学锋、陈勇兵：《国际分散化生产导致了集聚吗：基于中国省级动态面板数据 GMM 方法》，《世界经济》2009 年第 12 期。

［80］强小安、王育宝：《我国创业投资发展中存在的问题与对策》，《宏观经济管理》2007 年第 8 期。

［81］祁湘涵：《欧盟创新政策体系的发展及其对我国的启示》，《科技管理研究》2008 年第 10 期。

［82］任胜钢、彭建华：《基于因子分析法的中国区域创新能力的评价及比较》，《系统工程》2007 年第 2 期。

［83］时鹏程、许磊：《论企业家精神的三个层次及其启示》，《外国经济与管理》2006 年第 2 期。

［84］石风光、周明：《中国地区技术效率的测算及随机收敛性检验——基于超效率 DEA 的方法》，《研究与发展管理》2011 年第 1 期。

［85］单豪杰：《中国资本存量 K 的再估算：1952—2006 年》，《数量经济技术经济研究》2008 年第 10 期。

［86］邵云飞、谭劲松：《区域技术创新能力形成机理探析》，《管理科学学报》2006 年第 4 期。

［87］沈青：《区域产业集群与企业技术创新的协同互动思考》，《科学管理研究》2005 年第 3 期。

［88］宋宝香、彭纪生、王玮：《外部技术获取对本土企业技

术能力的提升研究》,《科研管理》2011 年第 7 期。

[89]宋河发、穆荣平:《自主创新能力及其测度方法与实证研究——以我国高技术产业为例》,《科学学与科学技术管理》2009 年第 3 期。

[90]沈能、刘凤朝、赵建强:《中国地区工业技术效率差异及其变动趋势分析——基于 Malmquist 生产率指数》,《科研管理》2007 年第 4 期。

[91]舒元、才国伟:《我国省际技术进步及其空间扩散分析》,《经济研究》2007 年第 6 期。

[92]孙文祥、彭纪生、仲为国:《政策测量、政策协同演变与经济绩效:基于创新政策的实证研究》,《管理世界》2008 年第9 期。

[93]孙玉涛、李苗苗:《企业技术创新能力培育的区域性因素》,《科学学与科学技术管理》2013 年第 8 期。

[94]唐杰、孟亚强:《效率改善、经济发展和地区差距——基于对中国三大城市经济圈的实证研究》,《数量经济技术经济研究》2008 年第 3 期。

[95]谈毅:《创业投资过程中的团队生产、监控与激励》,《科研管理》2004 年第 5 期。

[96]覃成林、郑云峰、张华:《我国区域经济协调发展的趋势及特征分析》,《经济地理》2013 年第 1 期。

[97]王兵、颜鹏飞:《中国的生产率与效率:1952—2000》,《数量经济技术经济研究》2006 年第 3 期。

[98]王丽丽:《外资进入与技术效率——基于不同技术水平制造行业的比较研究》,《经济问题探索》2012 年第 3 期。

［99］王全秀、汪忠满、李明明:《企业创新管理模式研究》,《嘉兴学院学报》1999 年第 6 期。

［100］王文寅、张叶峰:《科技、资本、劳动的贡献率比较——基于中国改革开放 30 年的数据》,《太原理工大学学报》2012 年第 6 期。

［101］王雄、岳意定、刘贯春:《基于 SFA 模型的科技环境对中部地区能源效率的影响研究》,《经济地理》2013 年第 5 期。

［102］魏守华、吴贵生、吕新雷:《区域创新能力的影响因素——兼评我国创新能力的地区差距》,《中国软科学》2010 年第 9 期。

［103］韦惠兰、黄家飞:《企业自主创新:路径依赖与突破》,《青海社会科学》2008 年第 1 期。

［104］吴崇伯:《论东盟国家的产业升级》,《亚太经济》1988 年第 1 期。

［105］吴丰华、刘瑞明:《产业升级与自主创新能力构建——基于中国省际面板数据的实证研究》,《中国工业经济》2013 年第 5 期。

［106］吴诣民、张凌翔:《我国区域技术效率的随机前沿模型分析》,《统计与信息论坛》2004 年第 2 期。

［107］伍鸿儒、胡昌德:《我国技术创新政策体系及其特征分析》,《攀枝花学院学报》2010 年第 2 期。

［108］谢伟:《技术学习过程的新模式》,《科研管理》1999 年第 4 期。

［109］许和连、亓朋、李海峥:《外商直接投资、劳动力市场与工资溢出效应》,《管理世界》2009 年第 9 期。

[110]颜鹏飞、王兵:《技术效率、技术进步与生产率增长:基于 DEA 的实证分析》,《经济研究》2004 年第 4 期。

[111]杨东亮:《东北振兴政策实践效果评价与政策启示——基于全要素生产率增长的全国比较》,《东北亚论坛》2011 年第 5 期。

[112]杨桂元、王莉莉:《我国制造业技术进步、技术效率及区域差异——基于 DEA 方法的实证研究》,《技术经济》2008 年第 1 期。

[113]杨文举、张亚云:《中国地区工业的动态环境绩效:基于 DEA 的经验分析》,《数量经济技术经济研究》2009 年第 6 期。

[114]姚洋、章齐:《中国工业企业技术效率分析》,《经济研究》2001 年第 10 期。

[115]殷林森、胡文伟:《创业投资双边道德风险研究述评》,《经济学动态》2008 年第 1 期。

[116]于君博:《前沿生产函数在中国区域经济增长技术效率测算中的应用》,《中国软科学》2006 年第 11 期。

[117]岳书敬、刘朝明:《人力资本与区域全要素生产率分析》,《经济研究》2006 年第 4 期。

[118]喻思娈、赵永新:《大幅提高企业建立研发机构比例》,《人民日报》2013 年 3 月 1 日。

[119][美]约瑟夫·熊彼特:《经济发展理论》,何畏等译,商务印书馆 1990 年版。

[120]郑京海、胡鞍钢:《中国改革时期省际生产率增长变化的实证分析》,《经济学》(季刊)2004 年第 2 期。

［121］郑京海、刘小玄、Arne Bigsten：《1980—1994 年期间中国国有企业的效率、技术进步和最佳实践》，《经济学》（季刊）2002 年第 3 期。

［122］张军、施少华：《中国经济全要素生产率变动：1952—1998》，《世界经济文汇》2003 年第 4 期。

［123］张艳：《上市公司的病症》，《企业管理》2004 年第 8 期。

［124］张楠、林绍福、孟庆国：《现行科技政策体系与 ICT 自主创新企业反馈研究》，《中国软科学》2010 年第 3 期。

［125］张雅娴、苏竣：《技术创新政策工具及其在我国软件产业中的应用》，《科研管理》2001 年第 4 期。

［126］张黎夫、姜琼：《技术创新特征发微》，《荆州师范学院学报》1999 年第 3 期。

［127］张风、何传启：《国家创新系统》，高等教育出版社 1999 年版。

［128］张其仔：《比较优势的演化与中国产业升级路径的选择》，《中国工业经济》2008 年第 9 期。

［129］张其仔：《中国能否成功地实现雁阵式产业升级》，《中国工业经济》2014 年第 6 期。

［130］张书军、王珺、李新春、丘海雄：《"产业集群、家族企业与中小企业创业国际研讨会"综述》，《经济研究》2007 年第 5 期。

［131］张军、吴桂英、张吉鹏：《中国省际物质资本存量估算：1952—2000》，《经济研究》2004 年第 10 期。

［132］张军：《改革以来中国的资本形成与经济增长：一些

发现及其解释》，《世界经济文汇》2002 年第 1 期。

［133］朱华桂：《跨国公司在华子公司技术溢出效应实证研究》，《科研管理》2003 年第 2 期。

［134］朱海就：《区域创新能力评估的指标体系研究》，《科研管理》2004 年第 3 期。

［135］朱平芳、徐伟民：《政府的科技激励政策对大中型工业企业 R&D 投入及其专利产出的影响——上海市的实证研究》，《经济研究》2003 年第 6 期。

［136］朱有为、徐康宁：《中国高技术产业研发效率的实证研究》，《中国工业经济》2006 年第 11 期。

［137］朱承亮、岳宏志、师萍：《环境约束下的中国经济增长效率研究》，《数量经济技术经济研究》2011 年第 5 期。

［138］朱正奎：《新中国科技创新政策的文本与实施效果分析》，《科技管理研究》2013 年第 9 期。

［139］《中国企业自主创新能力分析报告》，《经济日报》2005 年 11 月 7 日。

［140］周晓艳、韩朝华：《中国各地区生产效率与全要素生产率增长率分解（1990—2006）》，《南开经济研究》2009 年第 5 期。

［141］赵兰香：《技术学习过程与技术创新政策》，《科研管理》1999 年第 6 期。

［142］赵伟、马瑞永：《中国经济增长收敛性的再认识——基于增长收敛微观机制的分析》，《管理世界》2005 年第 11 期。

［143］詹骞、石源：《三种创业投资模式对我国发展创业投资的启示——以美国、德国、以色列对比分析为例》，《西南科技

大学学报》(哲学社会科学版)2008 年第 3 期。

[144]詹正茂、舒志彪:《2006—2008 年我国政府创新政策评述》,《宏观经济研究》2010 年第 3 期。

[145]Aigner D.J.,Lovell C.K.,Schmidt N.,"Formulation and Estimation of Stochastic Frontier Production Functions Models", *Journal of Econometrics*,Vol. 6,No. 1,1977.

[146] Anna J. Wieczorek, Marko P. Hekkert, "Systemic Instruments for Systemic Innovation Problems: A framework for Policy Makers and Innovation Scholars",*Science and Public Policy*, Vol. 39,2012.

[147] Bannock,*The Penguin Dictionary of Economics* 5ed., London:Penguin Books,1992.

[148] Benjamin F.Jones,*As Science Evolves,How Can Science Policy*? Chicago:University of Chicago Press,2010.

[149] Black, *A Dictionary of Economies*, Oxford: Oxford University Press,1997.

[150] Boekholt P., Lankhuizen M., Amold E. et al., *An International Review of Methods to Measure Relative Effectiveness of Technology Policy Instruments*, Brighton/Amsterdam: Technopolis, 2001.

[151] Bush V.,*Science:The Endless Frontier*,Washington,D. C.:US Government Printing Office,1945.

[152]Charles Edquist, "Design of Innovation Policy through Diagnostic Analysis: Identification of Systemic Problems (or failures)",*Industrial and Corporate Change*,Vol. 11,2011.

[153] Chernes A., Cooper W.W., Rhodes E., "Measuring the Efficiency of Decision Making Units", *European Journal of Operational Research*, Vol. 2(6), 1978.

[154] G. Dosi, "Technological Paradigms and Technological Trajectories", *Research Policy*, Vol. 11, No. 3, 1982.

[155] Emeric Solymossy, *Entrepreneurial Dimensions: The Relationship of Individual, Venture, and Environmental Factors to Success*, The Ohio State: Case Western Reserve University, 1998.

[156] Fare R., S. Grosskopf, "Intertemporal Production Frontiers: With Dynamic DEA", *Kluwer Academic Publishers*, Vol. 7, 1996.

[157] Feng-chao Liu, Denis Fred Simon, Yu-tao Sun, Cong Cao, "China's Innovation Policies: Evolution, Institutional Structure, and Trajectory", *Research Policy*, Vol. 8, 2011.

[158] Franco Malerba, "Sectional Systems of Innovation and Production", *Research Policy*, Vol. 31, 2002.

[159] Freeman C., *The Economics of Industrial Innovation*, The MIT Press, 1982.

[160] Farrell M. J., "The Measurement of Productive Efficiency", *Journal of Royal Statistical Society*, Vol. 120, No. 3, 1957.

[161] Gassmann O., "Opening up the Innovation Process: towards an Agenda", *R&D Management*, Vol. 36, No. 3, 2006.

[162] Gereffi G., "International Trade and Industrial Upgrading in the Apparel Commodity Chain", *Journal of*

International Economics, Vol. 48, No. 1, 1999.

[163] Greenwald, *Encyclopedia of Economics*, New York: McGraw Hill, 1982.

[164] Helbing D., Johansson A., Al-Abideen, H. Z., "Dynamics of Crowd Disasters: An Empirical Study", *Physical Review E*, Vol. 4, 2007.

[165] Humphrey J., Schmitz H., "How Does Insertion in Global Value Chains Affect Upgrading in Industrial Cluster", *Regional Studies*, Vol. 36, No. 9, 2002.

[166] Isabel Maria Bodas Freitas, Nick von Tunzelmann, "Map-ping Public Support for Innovation: A Comparison of Policy Alignment in the UK and France", *Research Policy*, Vol. 37, 2008.

[167] Jeffrey L. Furman, Michael E Porter, Scott Stern, "The Determinants of National Innovative Capacity", *Research Policy*, Vol. 31, 2002.

[168] J. L. ENOS, *Petroleum Progress and Profits: A History of Progress Innovation*, Cambridge MA: The MIT Press, 1962.

[169] KAY J, *Foundation of Corporate Success: How Business Strategies Add Value*, London: Ox-ford University Press, 1993.

[170] R. Klein Woolthuis, M. Lankhuizen, V. Gilsing, "A System Failure Framework for Innovation Policy Design", *Technovation*, Vol. 25, No. 6, 2005.

[171] Landau R., Rosenberg N., *The Positive Sum Strategy: Harnessing Technology for Economic Growth*, Washington, D. C.: National Academy Press, 1986.

［172］Leibenstein, Harvey, "Allocative Efficiency vs 'X-efficiency'", The *American Economic Review*, Vol. 56, No. 3, 1996.

［173］Li Haizheng, Luo Li, "Reporting Errors, Ability Heterogeneity, and Returns to Schooling in China", *Pacific Economic Review*, Vol. 9(3), 2004.

［174］Linsu Kim, "Crisis Construction and Organizational Learning: Capability Building in Catching-up at Hyundai Motor", *Organization Science*, Vol. 9, 1998.

［175］Linsu Kim, *Imitation to Innovation: The Dynamics of Korea's Technological Learning*, Harvard Business School Press, 1997.

［176］Mansfield E., *Industrial Research and Technological Innovation*, New York: W.W.Norton, 1968.

［177］Manuel Arellano, Stephen Bond, "Some Tests of Specification for Panel Data: Monte Carlo Evidence and an Application to Employment Equation", *Review of Economic Studies*, Vol. 58, 1991.

［178］Manuel Arellano, Olympia Bover, "Another Look at the Instrumental Variable Estimation of Error-components Models", *Journal of Econometrics*, Vol. 68, 1995.

［179］Mason C.M., Harrison R.T., "Is It Worth It? The Rates of Return from Informal Venture Capital Investments", *Journal of Business Venturing*, Vol. 17, 2002.

［180］Michael E. Porter, *The Competitive Advantage of*

Nations, London: Palgrave Macmillan, 1998.

[181] Meeusen W., J. van den Broeck, "Efficiency Estimation from Cobb-Douglas Production Functions with Composed Error", *International Economic Review*, Vol. 18, No. 2, 1977.

[182] Mueser R., "Identifying Technical Innovations", *IEEE Trans on Eng Management*, Vol. 11, 1985.

[183] Nelson, R. ed, *National Innovation Systems*, England: Oxford University Press, 1993.

[184] Newman, *The New Palgrave Dictionary of Economics and Law*, London: Macmilian, 1998.

[185] OECD, *Reviews of Innovation Policy CHINA*, OECD, Paris, 2008.

[186] Poon T. Shuk-Ching, "Beyond the Global Production Networks: A Case of Further Upgrading of Taiwan's Information Technology Industry", *International Journal of Technology and Globalization*, Vol. 1, No. 1, 2004.

[187] Po-Chi Chen, Ming-Miin Yu, Ching-Cheng Chang, Shih-Hsun HSU, "Total Factor Productivity Growth in China's Agricultural Sector", *China Economic Review*, Vol. 19, No. 4, 2008.

[188] Psacharopoulos George, "Returns to Investment in Education: A Global Update", *World Development*, Vol. 22, No. 9, 1994.

[189] O' Hare M., *Innovate: How to Gain and Sustain Competitive Advantage*, London: Basil Black-well.

[190] Richard Blundell, Stephen Bond, "Initial Conditions

and Moment Restrictions in Dynamic Panel Data Models", *Journal of Econometrics*, Vol. 1, 1998.

[191] Ricardo Hausmann, Bailey Klinger, *The Structure of the Product Space and the Evolution of Comparative Advantage*, CID Working Paper No. 146, 2007.

[192] Rothwell R., Zegveld W., *Reindusdalization and Technology*, London: Logman Group Limited, 1985.

[193] Susana Borrás, Charles Edquist, "The Choice of Innovation Policy Instruments", *Technological Forecasting & Social Change*, Vol. 80, No. 15, 2013.

[194] Stèphane Dees, "Foreign Direct Investment in China Determinants and Effects", *Economics of Planning*, Vol. 31, No. 2, 1998.

[195] Thee Kian Wie, "The Major Channels of International Technology Transfer to Indonesia: An Assessment", *Journal of the Asia Pacific Economy*, Vol. 10, 2005.

[196] Tung Liu, Kui-Wai Li, "Analyzing China's Productivity Growth: Evidence from Manufacturing Industries", *Economic Systems*, Vol. 36, No. 4, 2012.

[197] Watanabe C., ASGARI B., Nagamatsu A., "Virtuous Cycle between R&D, Functionality Development and Assimilation Capacity for Competitive Strategy in Japan's High-technology Industry", *Technovation*, Vol. 23, 2003.

[198] Wesley M. Cohen, Daniel A. Levinthal, "Absorptive Capacity: A New Perspective on Learning and Innovation",

Administrative Science Quarterly, Vol. 35, No. 1, 1990.

[199] Wesley M. Cohen, Daniel A. Levinthal, "Innovation and Learning: The Two Faces of R&D", *The Economic Journal*, Vol. 99, 1989.

[200] Word Intellectual Property Organization, *Guidelines on Developing Intellectual Property Policy for Universities and R&D Organizations*, Geneva.

[201] Wu Yanrui, "Productivity Growth, Technological Progress, and Technical Efficiency Change in China: A Three-Sector Analysis", *Journal of Comparative Economics*, Vol. 21, No. 2, 1995.

[202] Xulia Gonza'lez, Consuelo Pazo, "Do Public Subsidies Stimulate Private R&D Spending?", *Research Policy*, Vol. 37, 2008.

[203] Young Alwyn, "The Razor's Edge: Distortions and Incremental Reform in the People's Republic of China", *The Quarterly Journal of Economics*, Vol. 115, No. 4, 2000.

[204] Yongming Huang, David B., Audretsch, Megan Hewitt, "Chinese Technology Transfer Policy: The Case of the National Independent Innovation Demonstration Zone of East Lake", *Technol Transf*, Vol. 38, 2013.